全国职业培训推荐教材
人力资源和社会保障部教材办公室评审通过
适合于职业技能短期培训使用

楼宇空调运行管理与维护基本技能

中国劳动社会保障出版社

图书在版编目（CIP）数据

楼宇空调运行管理与维护基本技能/王盛雪主编. —北京：中国劳动社会保障出版社，2010

职业技能短期培训教材

ISBN 978-7-5045-8597-4

Ⅰ.①楼…　Ⅱ.①王…　Ⅲ.①集中空气调节系统-系统管理-技术培训-教材②集中空气调节系统-维修-技术培训-教材

Ⅳ.①TB657.2

中国版本图书馆 CIP 数据核字（2010）第 180947 号

中国劳动社会保障出版社出版发行

（北京市惠新东街 1 号　邮政编码：100029）

出 版 人：张梦欣

*

中国铁道出版社印刷厂印刷装订　新华书店经销

850 毫米×1168 毫米　32 开本　5.875 印张　143 千字

2010 年 9 月第 1 版　2010 年 9 月第 1 次印刷

定价：11.00 元

读者服务部电话：010-64929211/64921644/84643933

发行部电话：010-64961894

出版社网址：http：//www.class.com.cn

如有印装差错，请与本社联系调换：010-80497374

前言

职业技能培训是提高劳动者知识与技能水平、增强劳动者就业能力的有效措施。职业技能短期培训，能够在短期内使受培训者掌握一门技能，达到上岗要求，顺利实现就业。

为了适应开展职业技能短期培训的需要，促进短期培训向规范化发展，提高培训质量，中国劳动社会保障出版社组织编写了职业技能短期培训系列教材，涉及二产和三产百余种职业（工种）。在组织编写教材的过程中，以相应职业（工种）的国家职业标准和岗位要求为依据，并力求使教材具有以下特点：

短。教材适合 15～30 天的短期培训，在较短的时间内，让受培训者掌握一种技能，从而实现就业。

薄。教材厚度薄，字数一般在 10 万字左右。教材中只讲述必要的知识和技能，不详细介绍有关的理论，避免多而全，强调有用和实用，从而将最有效的技能传授给受培训者。

易。内容通俗，图文并茂，容易学习和掌握。教材以技能操作和技能培养为主线，用图文相结合的方式，通过实例，一步步地介绍各项操作技能，便于学习、理解和对照操作。

这套教材适合于各级各类职业学校、职业培训机构在开展职业技能短期培训时使用。欢迎职业学校、培训机构和读者对教材中存在的不足之处提出宝贵意见和建议。

人力资源和社会保障部教材办公室

简介

本书主要内容包括7个单元：楼宇中央空调简介、楼宇中央空调设备及辅助设备、楼宇中央空调系统及工程应用、楼宇中央空调系统的自动化控制、楼宇中央空调系统及设备的运行管理、楼宇中央空调冷水机的维修保养及常见故障分析和楼宇中央空调安全技术。

本书适合于楼宇中央空调系统运行操作、维修及管理人员使用。在编写过程中，充分考虑到培训对象的具体情况，取材实用，语言简洁，实践性强，侧重培养学员对中央空调系统及设备的认识和对中央空调系统装置的运行管理，以适应就业岗位的需要。本书所讲述的各种冷水机都是在工程中应用较多的、具有代表性的机器，其操作运行管理、维修保养等内容都是根据具体产品来编写的，针对性比较强，基于各种类型冷水机基本管理和程序、方法的一致性，其他形式的冷水机及空调设备的运行管理也可以参照本书中介绍的机器来进行运行管理。

本书由裘晓林、王盛雪主编，侯琳琳、李晓颖参编，主审梁东晓。

目录

第一单元　楼宇中央空调简介

模块一　空调与制冷简介

一、空调

空调是空气调节的简称，它是通过对空气的处理使空调房间内空气的温度、湿度、气流速度、洁净度等达到设计要求的工程技术。随着科学技术的不断发展及人们的追求不断提高，对空气的品质不仅仅局限于以上“四度”的要求，还在房间空气的压力、噪声、CO_2的含量、负离子的浓度等方面都提出了严格要求，对空气品质的要求也在不断提高。夏季对空气的降温离不开制冷机所提供的冷源，因此，制冷与空调是两门密切相关的应用技术。

美国人开利于1901年创建了第一个空调试验室，绘制出了空气的焓湿图，奠定了空调理论基础。1922年开利又发明了离心式制冷机，推进了空调技术的发展。现代中央空调系统所采用的各种空调方式尤其是风机盘管系统就是基于开利所发明的空气—水空调系统发展起来的，在世界各国一直盛行至今。

对空气的直接处理一般采用空调器，也称空调箱，是将处理空气的设备组合到一个箱内，集中完成对空气的热湿处理。根据其组合的功能段不同，空调器也可以实现把空气处理到不同状态的作用。在工程中，常用的空调器有组合式空气处理机、新风机、柜式风机盘管、风机盘管等。

二、制冷

制冷是指用人工的方法在一定的时间和一定的空间内，利用制冷剂将被冷却物体的热量转移出去，使其温度降低，并且保持这个低温。

制冷的结果是物体温度降低，制冷的实质就是将热量从低温部分转移到高温部分，但这个过程不能自发地完成，根据热力学第二定律必须借助人工的装置或系统，消耗一定的能量（电能或热能）来完成。即压缩机要通电才能压缩做功、溴冷机要通蒸气（或其他热能）才能加热等。例如，冰箱制冷要将冰箱内（低温环境）食品的热量从箱内转移到箱外（高温环境），箱内温度才能降低；空调器将室内（低温环境）的热量转移到室外（高温环境）从而实现降温，这些过程只有通电运行才能完成。

自从1834年英国人波尔金斯制成了第一台制冷机以来，制冷技术不断发展和完善，生产了建立在不同工作原理上的各种制冷机，其中有空气压缩式制冷机、吸收式制冷机，1862年，德国人林杰发明的氨制冷机成了公认的制冷机始祖，对制冷技术的实用化起了重大作用。以后又出现了以水为制冷剂的蒸汽喷射式制冷机，20世纪30年代出现的以氟利昂为制冷剂的制冷机，为制冷技术的发展开辟了新的道路。现代的半导体制冷、吸附式制冷、涡流管制冷及绝热退磁制冷等在科研、航天、生物等领域都得到了较快的发展与应用。但在制冷技术的发展道路上，蒸气压缩式制冷始终处于主导地位，对国民经济的发展与繁荣发挥了巨大作用。

三、状态名词

1. 饱和空气

在一定温度下，一定量的空气中所含有的水蒸气的量达到最大值时的空气为饱和空气。空气达到饱和状态时的温度称为饱和温度。饱和温度下，水蒸气的分压力称为饱和分压力。若对饱和的空气进行降温，则空气中的一部分水蒸气就会凝结出来，其空气状态仍为相应温度下的饱和状态；但对饱和空气进行加热，这时的空气中又能继续吸收水蒸气变成未饱和空气。

2. 过热蒸气

在一定压力下，蒸气的温度高于对应压力下的饱和温度，这样的蒸气称为过热蒸气。也就是将饱和蒸气进一步加热，使蒸气的形态不变、温度升高而形成的蒸气。这时蒸气温度超过饱和温度的差值就称为过热度。在制冷技术中，要求压缩机吸入的制冷剂蒸气要有一定的过热度，是为了保证压缩机安全运行。若过热度太大，会使压缩机的排气温度升高，增加功耗，制冷量下降，因此要控制压缩机的吸气过热度。

3. 过冷液体

在一定压力下，液体的温度低于对应压力下的饱和温度，这样的液体称为过冷液体。即对饱和液体继续降温，使其液体形态不变、温度下降而形成的液体。这时液体温度低于饱和液体温度的差值就称为过冷度。在制冷技术中，要求节流前的制冷剂液体要有一定的过冷度，就是为了减少因管道流动阻力和节流后压力的下降而产生的闪发气体，增加供入蒸发器的液体量，从而实现增加制冷量。工程中，中间冷却器、经济冷却器、回热器、过冷器、离心机组中的节能器等都起到了对制冷剂液体进行过冷的作用。

4. 相对湿度

表示空气实际绝对湿度接近饱和绝对湿度的程度即为相对湿度。在数值上等于空气中水蒸气分压力与同温度下饱和分压力之比。饱和空气的相对湿度为100%，干空气的相对湿度为0。相对湿度的大小也表明了空气的干燥与潮湿程度，相对湿度值越大，说明空气越潮湿。

5. 露点温度

在一定压力下，保持空气的含湿量不变（即水蒸气分压力不变）时，水蒸气达到饱和状态时的温度。若温度继续下降，水蒸气就要结露，这时的饱和温度就称为露点温度。空气的露点温度高低对空气处理过程的控制及设备、管道保温层厚度选择有着重要的意义。

6. 干球温度与湿球温度

干球温度就是用普通的干球温度计测出来的温度。也就是日常生活中所用到的温度，如气温、水温等。湿球温度是利用湿球温度计测出来的温度。如图1—1所示，常用的湿球温度计是将干球温度计的下方用湿纱布包裹，然后测出来的温度。所不同的是，湿球温度计感受的是湿纱布中水蒸发后的温度，由于水蒸发要吸收周围空气的热量，使周围空气温度下降，所以测出来的温度要比干球温度低。此温度与水的蒸发量、速度等因素有关，也间接反映出其周围空气的湿度大小。在空气未达到饱和时，湿球温度要低于其干球温度。差值越大说明空气的相对湿度越小，空气越干燥。例如，干球18℃，湿球15℃时，其度差3℃之纵栏与干球18℃之横栏交叉处的71就是表示湿度为71%。湿球的纱布要经常换新。在空调工程中，湿球温度是空调设备运行工况设计的重要依据（相对湿度对照表见附录二）。

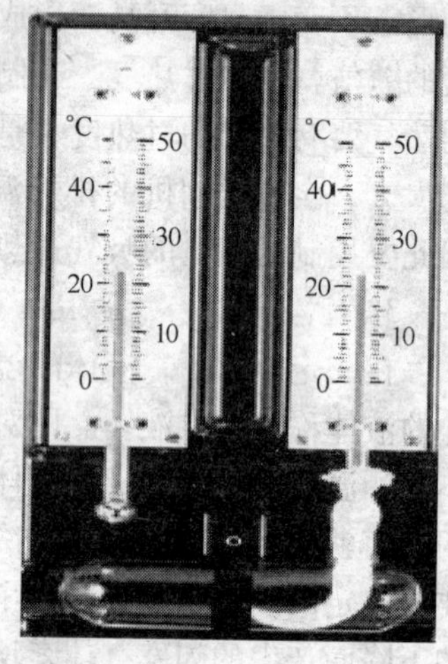

图1—1　干、湿球温度计

7. 汽化与冷凝

（1）汽化。物质从液态转变为气态的过程称为汽化，该过程物质要吸收热量才能完成。

汽化有蒸发和沸腾两种形式。其中，在液体表面进行的汽化过程称为蒸发，在液体内部产生气泡的剧烈汽化过程称为沸腾。在一定压力下，蒸发在任何温度下都可进行，而沸腾只有液体被加热到一定温度（相应压力下的沸点）才开始进行。在制冷机中，就是利用制冷剂在蒸发器中低压下汽化吸收被冷却物体的热量，实现制冷的。

（2）冷凝。物质从气态转变为液态的过程称为冷凝或液化，该过程物质要放出热量才能完成。气体的液化温度与压力有关，增大压力，可使气体在较高的温度下液化，液化的基本方法是降低温度和增加压力。在制冷机中，制冷剂在冷凝器中高压下放出热量而液化，实现向高温环境放出热量的过程。

8. 节流（膨胀）

液体在管道中流动，通过阀门或孔板等设备时，由于局部阻力的影响，使液体压力降低，该过程称为节流或膨胀。目的是产生压力降，将高压的液体节流降压成低温低压液体，为制冷剂液体能在低温低压下汽化吸热，实现制冷创造条件。

9. 冷负荷与制冷量

冷负荷是指为使空调房间保持所需要的温度，须由制冷设备所产生的冷量消除室内多余的热量值。这部分余热是通过空调设备将冷量传给室内空气而消除的。

空调系统的制冷量，除了要计入建筑计算冷负荷和新风负荷外，还要考虑其他因素造成的附加冷负荷。如送风机的温升，送风管道系统的温升，水系统的热损失和供冷设备效率等引起的附加冷负荷。将上述各种因素形成的冷负荷相加，就构成了空调建筑的制冷机总容量，这一制冷机的总装机容量称为制冷量。

模块二　中央空调的分类及组成

一套中央空调系统最基本的工作原理是通过室内空气、冷冻水、制冷剂和冷却水等介质在各自的系统内不断循环流动，并依次进行热量交换，最终把室内空气的热量连续不断地释放给大气，也就是对室内连续不断地吹出冷气，提供冷量。这四个循环缺少哪一个都不行，是中央空调系统的基本组成，中央空调系统运行的实质也是热量不断转移的过程。

一、中央空调系统的分类

中央空调是根据国家设计规范的设计参数和要求进行选型设计、安装的，用于建筑物的空调系统，主要的任务就是消除空调房间的热湿负荷，用于改善人们的工作和生活环境以及创造满足生产工艺要求的作业环境。随着社会的进步与科学技术的发展，中央空调的应用也越来越广泛，中央空调系统的种类也越来越多，为适应时代的发展要求，中央空调系统也越来越趋于节能、环保及人性化。目前常用中央空调系统的分类如下。

1. 按处理空气的介质分

（1）全空气空调系统。是指空调房间内的热湿负荷全部由经过集中处理的空气来承担的空调系统，即通过送入与排出空气的差异带走房间的热湿负荷。多见于大型空调房间，如商场、超市、图书馆、影剧院等，如图 1—2 所示。

（2）空气一水空调系统。是指空调房间内的热湿负荷是通过一部分集中处理的空气和一部分水联合承担。主要应用于宾馆、客房、公寓、小型办公室等。常用的形式有风机盘管加新风的空调方式。

（3）冷媒式空调系统。是指空调房间内的热湿负荷全部由制冷剂直接带走。包括一拖多的商用中央空调和家用中央空调。

以上三种形式中，前两种习惯称为大型楼宇中央空调。

2. 按处理空气的设备集中程度分

（1）集中式中央空调。是指处理空气的各种设备（过滤器、表冷器、加热器、消音器、加湿器等）全部集中在空调机房内，处理过的空气再通过风机和风道等输送到房间内。适用于面积大、房间集中且房间热湿比要求较接近的场所，如图 1—2 所示。

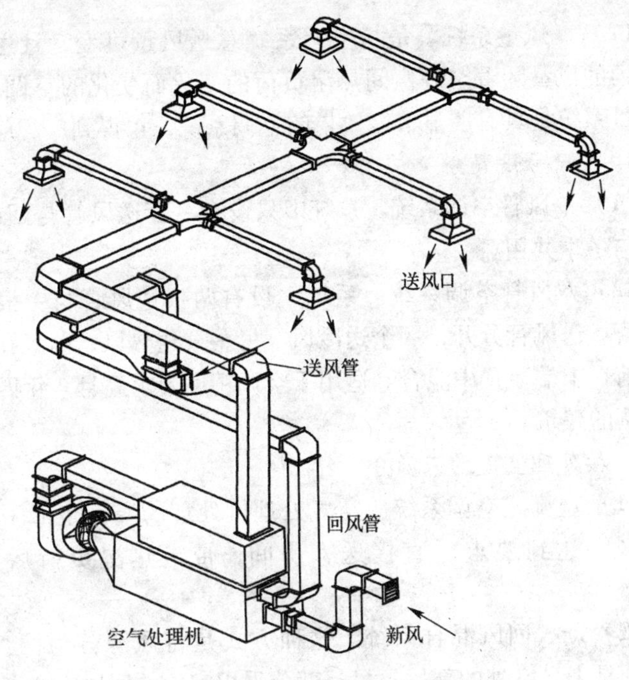

图 1—2　全空气空调系统图

（2）半集中式中央空调。是指处理空气的设备，既有集中在空调机房内的（如新风机）又有分散在各房间内的空气处理末端装置，联合处理空气。适用于调节精度高且灵活，房间小且分散的场所。

（3）局部式中央空调。是指每个空调房间内都有各自独立的空气处理设备。多用于房间面积小且分散热负荷相差较大的场合。

3. 按送风量是否发生变化分

（1）定风量系统。是指空调系统总送风量恒定，且送入各房间的风量不随空调房间的热湿负荷变化而保持送风量不变的系统。常规中央空调系统中，多数为定风量系统。

（2）变风量系统。是指空调系统总送风量可变，且送入到房间内的风量随着空调房间热湿负荷的变化而变化的空调系统。变风量系统是具有明显节能效果的空调系统，正得到广泛应用。

4. 按风管设置分

（1）单风管空调系统。系统中只设有一套送风管与回风管，夏季与冬季共用。

（2）双风管空调系统。系统中设有两根送风管与一根共用回风管。送风管分开，一个送冷风，另一个送热风，两者在进入房间前在末端装置中混合。适用于空调精度要求高且一年四季运行空调的建筑。

5. 按处理空气的来源分

（1）直流式空调系统。空气处理机处理的空气全部采用室外新风，达到要求后直接送入房间，带走热湿负荷后全部排掉。

（2）新、回风混合系统。这种方式是将风源分为两部分，一部分是来自室外的新风；另一部分采用室内的回风。两者在处理机内混合后再处理。工程上根据使用回风的情况，将系统细分为一次回风系统和二次回风系统。采用回风系统可以达到节能运行的目的。

（3）封闭式系统。是指空调系统在运行过程中全部采用室内的循环风，不设新风口和排风口。

二、中央空调系统的基本组成

中央空调系统的形式虽然多种多样，用于不同的建筑，适应不同的工况要求，但最基本的工作原理是相同的，且空调系统的基本组成都可以分为空气处理系统、通风系统、冷热源系统、冷冻水循环系统、冷却水循环系统及自动控制系统等六部分，各部分分别具有不同的功能，相互配合完成空气调节的任务，如图1—3所示。

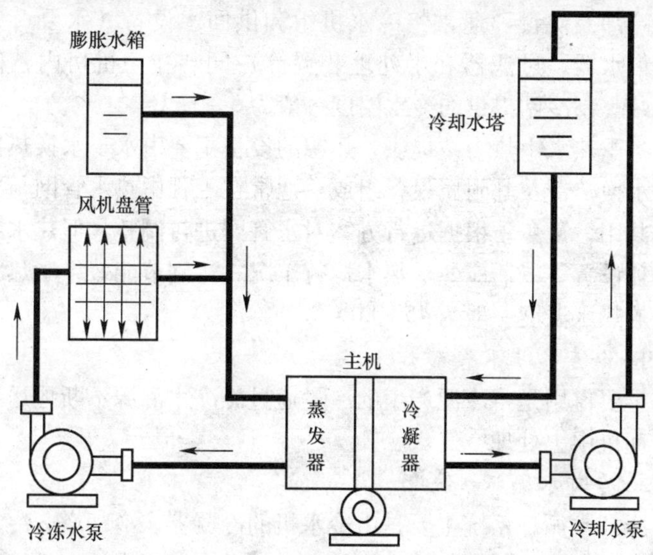

图 1—3　中央空调的基本组成

1. 空气处理系统

空气处理系统是对要处理的空气进行加热、冷却、加湿、去湿及过滤等，使空气的状态达到要求的送风参数。然后通过通风系统送入到房间中再带走房间内空气的热湿负荷。空气处理系统有集中处理和分散处理等形式。

2. 通风系统

这里说的通风系统是指空调通风系统，主要由风机、风管、风阀及风口等部件组成，实现对处理后的空气进行输送、分配的任务。有些使用空调的建筑中，通风系统还包括机械排风、加压送风等空气调节任务。

3. 冷热源系统

对空气的加热、冷却和加湿与除湿处理，离不开冷水机和热水器提供冷源和热源系统。工程中利用冷水机组制取低温水（冷冻水），通过供回水设备和管网送往空调末端装置中对空气进行冷却及除湿。通常将冷水机组和供回水设备（水泵、分水器、集水器、过滤器和水处理装置等）同装在一机房内，称为制冷站。制冷站提供的冷水温度一般为5～12℃。

冬季热水由热力站提供，热源的设备主要由水—水换热器或气—水换热器及其附属设备组成。通常在工程中热水管网与冷水管网共用，夏冬季根据运行方案对水管网进行调整。但热水泵需要单独设置，以适应冬季热水运行工况，达到节能效果。热力站提供的热水温度一般为45～80℃。

4. 冷冻水循环系统

主要作用是将冷源产生的冷量通过冷冻水源源不断地送到空气处理机中去处理空气。

5. 冷却水循环系统

冷却水循环系统主要是由冷水机的冷凝器、冷却塔、冷却水泵和它们之间的连接水管、附件组成的一个开式水循环系统。主要作用是把制冷剂在蒸发器中吸收的热负荷带到冷却塔中放出，从而使制冷剂液化，保证冷水机的运行，也是空调系统向外放热的最后一个环节。

6. 自动控制系统

自动控制的任务是实时控制基本设备的输出量，使其与负荷变化相匹配，以保证参数达到给定值；同时也保证制冷设备及空调设备安全运行、参数超限保护及报警、参数记录、故障显示诊断等。随着科学技术的发展，空调系统的自动控制系统也从简单化、机械化的控制方式逐渐发展到多元化、电子化的控制时代。如PID调节控制、PLC控制器、BAS楼宇自动化系统、DDC监控系统等。

三、不同场所空调系统的应用与要求

1. 宾馆客房空调

宾馆客房空调一般多采用风机盘管加新风系统的典型方式。

客房风机盘管常用的有四种形式：卧式暗装，一般安装在客房过厅的吊顶内；立式明装，一般安装于窗下地面上；立柱式明装，一般安装于客房地面上；柜式明装，一般安装于客房靠墙的地面上。

客房对空调系统的噪声要求较为严格，系统的噪声污染源有三方面：新风系统、排风系统和风机盘管系统。前两项可以通过加装消音器和减振措施降低噪声，对于风机盘管要选用低噪声的风机盘管，同时根据客房允许的噪声标准要求，合理选择风机盘管的配制方式。如条件许可，风机盘管可配制在管道间内，并在送风管道内作消声处理。或将风机盘管安装于客房过厅的吊顶上部，在出风口前加装500～700 mm长的管式消音器。

客房新风系统既要保证室内的卫生要求，维持室内正压状态，又要防止渗透风进入而破坏室内的温度均匀性，同时还要通过新风换气排除异味。新风系统送风口一般与风机盘管送风口并列出风，具有结构简单、卫生条件好等优点。风道的布置，利用建筑设计时留出的新风竖井垂直布置其中，到各层接出水平支管（接出处须加装防火阀），且宜分区控制。

2. 写字间空调

写字间空调方式有全空气集中式低风速系统、风机盘管加新风系统和热泵空调系统等多种方式。

风机管盘加新风系统是写字楼标准层的主要空调方式。空调机组的低风速全空气空调方式近年来也在智能化写字楼中得到了普遍的应用，这主要是由于写字楼周边区域负荷比较稳定，而大量的OA（办公业务的自动化）机器的采用又需严格防止凝水和渗漏水的危害，水配管最好不通过业务空间，因此全空气方式得到了较多的应用。对于冷暖交替比较频繁的周边地区及需常年供冷的内部OA区，上述两种空调方式不能灵活地适应该区域负荷的变化，所以在较多的写字楼工程中，额外加设空调热泵机组也是最佳的选择，可以实现分散化和个别化空调要求。如按楼层或分区设多元空调机。

近年来，国外提出了末端可调变风量空调方式，此方式可以采用先进的计算机软件，根据末端装置实际风量变化直接控制送风机，并能保证风道的压力平衡，很好地解决了写字楼内部区域负荷变动以及各人自主调节风量的使用条件问题。

3. 餐厅、多功能厅空调

餐厅、多功能厅等房间的主要特点是空调负荷变化较大，空调面积也较大，故采用全空气低风速的组合式大风量空调机组方式居多，常用的送回风方式有两种，即只设送风管道不设回风管道方式和设有送、回风管道的送回风方式。该类房间所需要的新风百分比比较大，故采用全空气系统还可以在过渡季节充分利用室外空气的自然冷量。

除了使用组合式大型空调机组外，中小型柜式空调机组也常用于中小型餐厅、多功能厅等，因为柜式空调机组局部空调方式更为灵活与实用。对于楼层层高较低的餐厅、多功能厅等装设全空气空调系统难以做到，受层高所限，在工程中经常采用风机盘管加新风的方式。其风机盘管的送回风方式大多为上送上回形式，送回风口均为散流器、双层百叶风口或条缝形风口。

模块三　空调制冷技术

一、压缩式制冷技术

1. 单级压缩制冷循环原理图

单级压缩制冷循环原理图如图 1—4 所示。

制冷剂在制冷系统内相继经过压缩、冷凝、节流、蒸发四个过程，便完成了单级压缩制冷循环，达到制冷的目的。即通过制冷剂的状态变化将热量 Q_0 从蒸发器转移到冷凝器中放出 Q_k。制冷剂的状态变化过程需要在相应的装置内完成，即制冷设备。

2. 单级压缩制冷循环的主要设备

在制冷循环中，蒸发器、压缩机、冷凝器、节流阀是必不可少的四大部件。

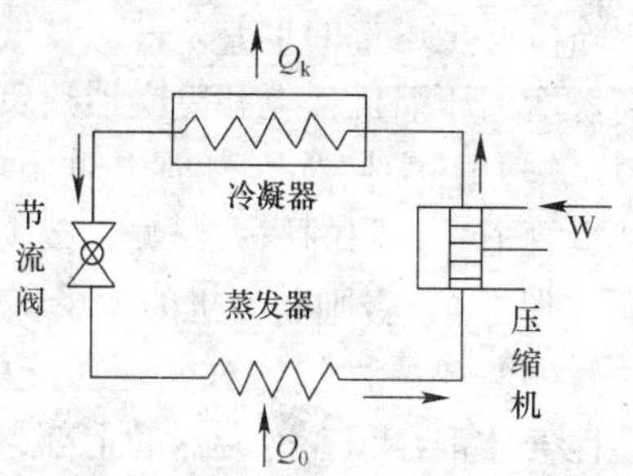

图 1—4　压缩式制冷循环原理图

（1）蒸发器。制冷剂在低压（蒸发压力）下以较低的温度（蒸发温度）蒸发，吸收被冷却物质的热量 Q_0 实现被冷却物体的降温，是向外输送冷量的设备。

（2）压缩机。压缩机是系统的心脏，起到输送制冷剂蒸气的作用，同时保证蒸发器在低压下运行、冷凝器在高压（冷凝压力）下运行。通过压缩机实现制冷剂从低温环境中将热量 Q_0 带到高温环境中放出 Q_k。

（3）冷凝器。制冷剂蒸气在高压下将从蒸发器吸收的热量 Q_0 以及压缩功转化的热量传递给冷却介质，冷凝成常温（冷凝温度）液体，是放出热量 Q_k 的设备。

（4）节流阀。将从冷凝器冷凝的制冷剂液体节流降压（降到蒸发压力）后进入蒸发器，重新开始制冷。同时控制和调节制冷剂的流量，并将系统分为高压侧和低压侧两部分。

在实际的制冷系统中，为了提高运行的经济性、可靠性和安全性，还设有一些辅助设备，如气液分离器、油分离器、油冷却器、空气分离器、储液器、过滤器以及安全附件、阀门等。

3. 压缩式制冷循环实际运行中的影响因素

（1）液体过冷对循环性能（制冷效率）的影响。获得液体过冷的方法很多，如加设过冷器、经济器、节能器、回热器等。制冷剂液体获得一定的过冷度可以提高制冷量，但可能增加设备或运行成本，所以通过提高过冷度来提高循环经济性应进行综合考虑。

(2) 吸气过热对循环性能的影响。有一定的吸气过热度是压缩机安全运行的重要条件。吸气过热度过大会引起排气温度过高，增加压缩机耗电和冷凝器热负荷。

(3) 热交换及压力损失对循环性能的影响。工程中应尽量减少管道、阀门的压力损失，减少低温管道、低温设备的冷量损失（保温）；否则制冷机的效率将会下降，功耗增加。

(4) 不凝性气体对循环性能的影响。一般来说，空气等不凝性气体都存积在冷凝器的上部，占据一定的冷凝空间，减小换热面积，同时，使冷凝压力提高，压缩机功耗增加，冷量减小。对氨系统还会增加爆炸的可能性。所以，要及时排放系统中的不凝性气体。氨系统采取空气分离器排放空气，小型的氟系统通过冷凝器上的放空气阀进行排放。对于离心式冷水机组和溴化锂吸收式冷水机组可通过专用的抽气装置完成空气的分离与排放。

4. 运行工况与经济性的关系

制冷机的主要运行工况指的是蒸发温度与冷凝温度，其决定了制冷机的主要工作性能指标（制冷量、轴功率，即 COP 值的大小）。

(1) 蒸发温度不变，冷凝温度变化。冷凝温度升高，制冷量减少，功率增加，经济性降低。反之亦然。

(2) 冷凝温度不变，蒸发温度变化。蒸发温度降低，制冷量降低，经济性降低；反之亦然。

根据上面的分析，要提高制冷系统运行的经济性，在运行时要尽量降低冷凝温度（但要作整体的经济性分析）和提高蒸发温度（但要能满足被冷却物的温度要求）。

二、吸收式制冷技术

吸收式制冷技术是利用液态制冷剂在一定的压力和低温下吸热汽化而达到制冷目的的。在吸收式制冷装置中促使制冷剂循环的方式和压缩式制冷装置不同，它是利用二元液体在不同的压力和温度下能释放和吸收制冷剂进行循环，它需要有制冷剂和吸收剂两种工质，主要消耗的是热能。目前在中央空调工程中常将溴化锂和水（蒸馏水）作为工质对，其中溴化锂为吸收剂，水为制冷剂。工质流动的动力来自于溶液泵和冷剂泵。其工作原理如图1—5所示。

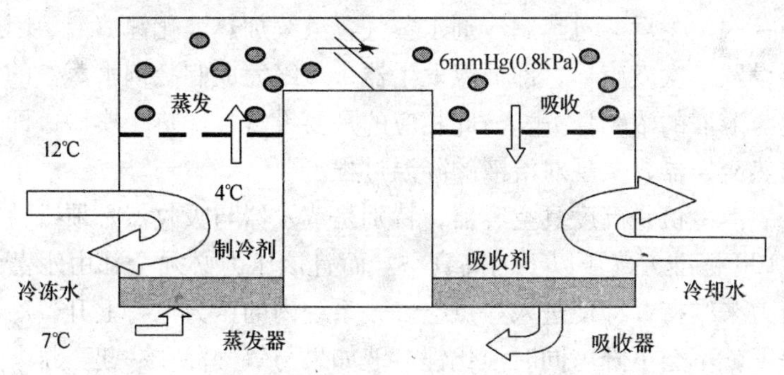

图1—5　吸收式制冷工作原理

1. 冷冻水产生的原理

在装置中，蒸发器与吸收器共同组装在一个筒体内，其内部压力保持在6 mmHg（0. 8 kPa）左右，此时进入蒸发器中的冷剂水（4℃）蒸发，吸收换热管内的空调回水（12℃）的热量，使其温度降至7℃，从而产生冷冻水。同时，蒸发后的冷剂水蒸气被吸收器中的溴化锂浓溶液吸收，形成了冷剂水蒸气从蒸发器向吸收器流动，也保证了蒸发器内能保持6 mmHg（0. 8 kPa）的压力。溴化锂溶液吸收水蒸气时，会释放出热量，使吸收器内温度升高，也影响了吸收剂的吸收效果，因此，需要冷却水对吸收器进行降温。

溴化锂溶液吸收制冷剂后浓度下降，吸收能力降低，为了加以恢复，把变稀的溶液再送回到发生器中加热浓缩，完成溶液的循环周期，就能连续保持吸收作用。把发生器中发生的制冷剂蒸气引入到冷凝器中，用冷却水加以冷却，冷凝成制冷剂，再经节流后送回至蒸发器中，制冷剂开始新的循环。通过制冷剂与溴化锂溶液的吸收和分离完成溴冷机的工作过程。

如上所述的原理，所构成的简单产品称为单效溴冷机。为了进一步提高效率，节省能源，在单效溴冷机的基础上开发出的新产品是双效吸收式溴冷机，这是为了使制冷剂蒸气继续发生，利用一次发生后的过热制冷剂水蒸气，继续加热溴化锂溶液，因此要设置二次发生器，即低温发生器，最终完成制冷剂水蒸气的发生与溶液的浓缩任务。与此相应的是要设置二次热交换器，即低温热交换器，实现对溶液的降温过程。

溴冷机是高度真空容器，特别是蒸发器与吸收器必须维持在1/100 标准大气压以下的高真空。而且该压力必须全部由水蒸气压力来维持，即使进入一点空气，系统内的压力也将上升，冷水温度就不会下降。同时溴化锂溶液如果与氧气混在一起，将严重腐蚀机器，影响机器的寿命。因此，溴冷机的抽真空操作将是溴冷机的重要管理内容。

2. 溴化锂吸收式冷水机的分类

（1）按使用的能源分类。可分为蒸气型，工作蒸气压力为0.4～0.8 MPa（表）；热水型，热水进口温度范围为95～150℃；直燃型，一般以油、气等可燃物质为燃料；太阳能型，以太阳能集热装置获取能量。

（2）按热源的利用方式分类。即单效型、双效型、多效型。

（3）按用途分类。单冷型，热源以蒸气为主的溴冷机；冷暖型，以直燃机为主，夏季与冬季需要对机组进行阀门转换，才能实现制冷与制热循环；冷温水同时供给型，以直燃机为主，机组中附带一个热水器，夏季制取空调冷水同时产生卫生热水等。

（4）按机组结构分类。单筒型，将蒸发器、吸收器、发生器、冷凝器等布置于单一筒体内的机组；双筒型，一般是将冷凝器与发生器布置在上筒，将蒸发器与吸收器布置在下筒的机组；三筒型，将高压发生器单设一个筒体，其他如双筒型。双筒单效溴冷机组成如图 1—6 所示。

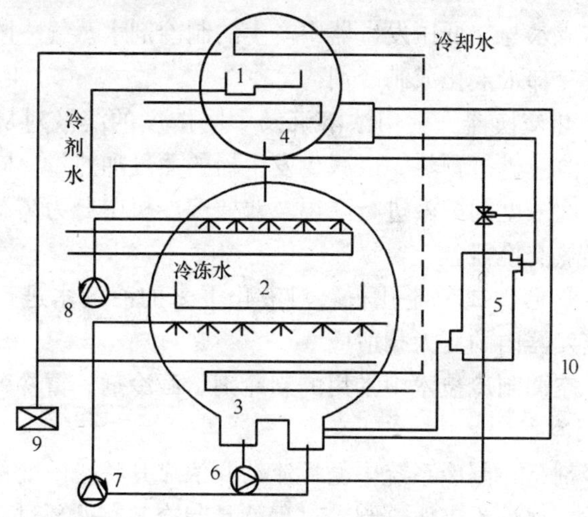

图 1—6　双筒单效溴冷机组成原理

1—冷凝器　2—蒸发器　3—吸收器　4—发生器　5—热交换器　6，7—溶液泵　8—冷剂泵　9—抽气装置　10—溶晶管

3. 溴化锂吸收式制冷机中主要设备的作用

（1）蒸发器。来自冷凝器的制冷剂经冷剂泵送入喷淋装置，喷淋到换热管表面蒸发吸热，降低管内冷冻水的温度，以达到制冷的目的。冷冻水在换热管内流动，制冷剂在管外流动。

（2）吸收器。来自发生器的浓溶液吸收来自蒸发器的制冷剂水蒸气，形成稀溶液，吸收时放出的热量被冷却水带走。冷却水在换热管内流动，管外为溴化锂溶液。

（3）发生器。双效溴冷机发生器分为高压发生器和低压发生器。高压发生器的作用是，外接热源加热来自吸收器的稀溶液，使之蒸发浓缩，产生水蒸气，同时形成中间浓度溶液。低压发生器的作用是，来自高压发生器的中间浓度的溶液被来自高压发生器的高温制冷剂水蒸气进一步加热浓缩，形成浓溶液，同时再次产生制冷剂水蒸气。

（4）冷凝器。来自高压发生器的制冷剂水蒸气在低压发生器中凝结成水与在低压发生器中产生的制冷剂水蒸气一同进入冷凝器，被冷却水液化成制冷剂。

（5）热交换器。利用浓溶液及中间浓度的溶液对从吸收器出来的稀溶液进行预热，以减少发生器的蒸气加热量，同时对浓溶液及中间浓度的溶液进行降温。双效溴冷机中分为高温热交换器和低温热交换器。

（6）U 形管或节流孔板。对液化下来的冷剂水进行节流降压，与蒸发器内的压力相适应。

三、空调制冷技术中常用的制冷剂、载冷剂、蓄冷剂

1. 制冷剂

制冷剂是在制冷系统中循环流动并依靠其状态的变化携带热量的物质，也称为工质。制冷过程就是制冷剂在循环过程中发生相变时（蒸发和冷凝）吸收和释放热量来达到热量从低温部分转移到高温部分。

在工程中常用的制冷剂有氨（R717）、二氟一氯甲烷（R22）、四氟乙烷（R134a）、异丁烷（R600a），还有 R410a、R407c、R123 等，这些常用的制冷剂的特性分别介绍如下。

（1）氨（NH_3 R717）

1）标准沸点为 -33.4℃，凝固温度为 -77.7℃。有较好的热力性质和热物理性质；压力适中，单位容积制冷量大，黏性小，流动阻力小，密度小，传热性能好；价格便宜，易获得。

2）毒性大，易燃易爆，有强烈刺激性气味，对食品易产生污染；空气中氨的容积浓度达到 0.5% ~0.6%时，人在其中停留 0.5 h 就会引起中毒；容积浓度达到 11% ~14%时，可以燃烧；容积浓度达到 16% ~25%时，遇明火可以引起爆炸；氨在高温（260℃）时会分解出氢气（H_2），遇空气及明火会产生强烈的爆炸。

3）氨系统必须安装空气分离器，及时排放系统中的空气及其他不凝性气体。

4）氨极易溶于水，可以与水以任意比例互溶，因此在氨系统中不会产生冰塞，可以不加干燥过滤器；但有水存在，极易腐蚀金属，并提高蒸发温度；纯氨不腐蚀钢、铁，但含水时会腐蚀锌、铜及铜合金（除磷青铜外），因此在氨制冷机及系统中不允许使用铜及铜合金部件（包括压力表，氨压力表必须标有“氨”字样），只有个别起耐磨、密封的部件才可以使用高锡磷青铜，如活塞机的小头衬套和轴封。

5）氨与油不互溶，并且氨比油轻，油沉在氨液的下部，有利于从容器的底部放油；但在换热器表面会形成油膜，影响换热。油在管路内凝结，停机后会形成油封，再次开机时引起液击，因此在吸（排）气管路上尽量避免出现 U 形弯。

6）氨与水结合显碱性，可用石蕊（变蓝）或酚酞（变红）试纸检漏，但不要用肥皂水检漏。

（2）氟利昂 22（R22，二氟一氯甲烷）。氟利昂是碳氢化合物的卤（氟、氯、溴）代物的总称。不含氢的卤代烃称为氯氟化碳，简写成 CFC，如 R12。含氢的卤代烃称为氢氯氟化碳，简写成 HCFC，如 R22。不含氯的卤代烃称为氢氟化碳，简写成 HFC，如 R134a。

1）R22 也是烷烃的卤代物，学名二氟一氯甲烷，标准蒸发温度约为 −41℃，凝固温度约为 −160℃，冷凝压力同氨相似，单位容积标准制冷量约为 454 kcal/m^3。有较好的热力性质和热物理性质；压力适中，单位容积制冷量大，黏性小，密度较氨大；绝热指数小，压缩终了温度低（与氨比较）。

2）R22 也是一种无色、透明、没有气味，几乎无毒性、不燃烧、不爆炸，对金属无腐蚀、很安全的制冷剂。但化学稳定性不如 R12，毒性也比 R12 稍大。但是，R22 的单位容积制冷量却比 R12 大得多，接近于氨。目前 R22 被广泛应用于 −60 ~ −40℃的双级压缩或空调制冷系统中。

3）R22 与水的互溶性很差，在 0℃时水在 R22 中的溶解度仅为0.06%（wt）。系统中水的含量超标可能发生冰堵和镀铜腐蚀。溶水性极差，系统中需要安装干燥过滤器；与水会发生水解反应产生酸性物质，出现镀铜现象，因此要求氟利昂中含水量极小（R22中要求含水量不大于0.0025%）。

4）R22与润滑油有限溶解。在系统高温侧部分（冷凝器、储液器）R22与油完全溶解；在低温侧，R22与油混合物处于溶解临界温度以下时，蒸发器和低压储液器中液体将出现分层。油在上层，R22在下层。分离出来的油会浮在氟利昂上面，对于满液式蒸发器来说，会使回油困难并使蒸发温度提高。

5）对金属材料腐蚀小，但腐蚀镁及镁含量超过2%的铝镁合金；对天然橡胶、树脂、塑料等非金属材料有膨润作用。维修氟机时，如果需要更换密封垫或O形圈时，注意使用耐氟材料。

6）遇明火或电弧光会分解出有毒的HCl、HF及光气；渗透性极强并且无味，极易泄漏又不易被发现。

7）破坏臭氧层（ODP）及产生温室效应（GWP）；R22臭氧衰减指数ODP为0.05，温室指数GWP为0.35。价格较氨贵；有关标准为GB 7373—87 工业用二氟一氯甲烷（R22）。在中国R22将在2035年禁止生产和使用。现在混合制冷剂R23/R152a可以替代R22。

（3）R134a（HFC-134a，$C_2H_2F_4$）。R134a被认为是最有可能替代R12的新制冷剂。现已广泛地应用在中央空调、家用冰箱、汽车空调等中。

1）标准蒸发温度为-26.2℃，凝固点为-101.0℃。R134a相对分子量大，流动阻力损失比R12大，传热性能比R12好。

2）R134a的分子极性大，在非极性油中的溶解度极小，因此润滑油要采用PAG或脂类合成油。

3）R134a的分子直径比R12小，比R12更容易泄漏。

4）R134a的热分解温度远高于压缩机和系统可能出现的温度。

5）R134a 的吸水性比 R12 更强，遇水更易分解，因此干燥剂要使用 XH－7 型分子筛。

6）R134a 对非金属材料的膨润作用比 R12 略强。可以采用的材料为氢化丁腈橡胶和氯化橡胶。

7）R134a 臭氧衰减指数 ODP 为 0，温室指数 GWP 为 0.24～0.29。

目前 R134a 的生产必须通过二级合成和完全分离的方法才能得到满足纯度指标要求的制冷剂。生产该制冷剂原料贵，产量低，还要消耗过多的催化剂，因此价格昂贵。

（4）R410a、R407c。目前，R22 的替代制冷剂为 R410a、R407c，主要应用于房间空调和家用、商用小型中央空调等。R410a 是一种不含氯的氟化烷非共沸混合制冷剂，常温常压下为无色气体，储存在钢瓶内是被压缩的液化气。其 ODP 为0，因此不破坏大气臭氧层。其传热系数比 R22 高，制冷效果好。与 R22 相比，R410a 的压力要高得多，所以典型的 R22 压缩机不可使用 R410a 制冷剂。R407c 制冷剂是一种由 HFC 类物质组成的混配制冷剂，不含任何破坏臭氧层的物质，其 ODP 值为零。R407c 的性能与 R22 非常接近，压缩机生产商通常建议使用 POE 多元醇酯冷冻机润滑油。

（5）R123

1）R123 的标准蒸发温度为 27.9℃，凝固温度为－107℃。相对分子质量大（152.9），适用于离心式制冷压缩机。

2）R123 是低压制冷剂，工作时蒸发器为负压，冷凝器为 0.04 MPa，停机时机内为－0.004 kPa，因此，即便机组泄漏也只存在外界空气进入机组的可能。

3）R123 比 R11 具有更大的侵蚀性，故橡胶材料（如密封垫片）必须更换成与 R123 相容的材料。与矿物油能互溶，具有一定毒性，传热系数较小。

4）由于它具有优良的大气环境特性（ODP＝0.02，GWP＝

0.02），是目前替代 R11 的理想制冷剂之一。

2. 载冷剂

又称冷媒，是被用来将制冷系统产生的冷量传递给被冷却物体的媒介物质。承载着运输冷量的作用。

（1）空气。比热小，只有在采用空气直接冷却时才使用，如小型的空调器。

（2）水。比热大，无毒无害，但凝固点高（0℃），只用于蒸发温度0℃以上的冷水机组。

（3）盐水（NaCl、$CaCl_2$）。在 0℃以下的系统中，常使用 NaCl、$CaCl_2$ 按一定比例配置成不同浓度的水溶液作为载冷剂。盐水的冰点是随浓度的增加而降低的，一般要求盐水的冰点温度要低于使用温度 10～14℃。浓度过低，接近冰点温度，蒸发器管路表面有结冰可能。浓度超过共晶点的浓度，冰点的温度反而随浓度的增加而升高（此时析出的是晶体盐而不是结冰），NaCl、$CaCl_2$ 水溶液的共晶温度分别为－21℃、－55℃。浓度过大，盐水密度增加，水泵耗功增大，盐耗增加。

（4）乙二醇、丙三醇及其水溶液。乙二醇溶液的使用温度为蒸发温度－30℃以上，在制冷工程中应用较多。

丙三醇（甘油）无毒，可以与食品直接接触；乙二醇基本无毒。

乙二醇、丙三醇本身黏度很大，但配成溶液后黏度降低，共晶温度可达－60℃，挥发性较小；乙二醇溶液浓度选择参考值见表 1—1。

表 1—1　　　　乙二醇溶液浓度选择参考值

乙二醇出水温度（℃）	－5	－10	－15
乙二醇水溶液浓度（%）	27.4	35	38.8

3. 蓄冷剂

其作用是将制冷机产生的冷量储存起来，待白天电网用电时间及空调负荷高峰时间，再将冷量释放出来满足空调负荷的需要。常用的蓄冷介质有水蓄冷、冰蓄冷、优态盐蓄冷等。

（1）水蓄冷。利用水的显热蓄冷，即夜间制出 2～5℃的低温水并储存以供白天使用，供、回水温差一般在 8℃左右。

（2）冰蓄冷。利用冰的熔解热进行蓄冷，因此蓄冷密度较水蓄冷大，相同蓄冷能力的蓄冰槽与蓄水槽体积之比为 1:(4～5)。

（3）优态盐蓄冷。优态盐是一种高温相变材料，其凝固温度在 7℃左右，能与空调用冷水机运行工况相匹配，而无须改变冷水机的运行工况（冰蓄冷时需要降低运行工况，即降低蒸发温度运行，从而也降低了冷水机的性能系数）以提高冷水机的 COP 值。利用冷水就可以对优态盐进行蓄冷。

四、空调蓄冷技术

蓄冷式空调技术，是在夜间电网低谷时间，同时也是空调负荷很低的时间，制冷主机开机制冷并由蓄冷设备将冷量储存起来，待白天电网用电时间及空调负荷高峰时间，再将冷量释放出来满足空调负荷的需要。蓄冷式空调系统全部或部分地将制冷主机的负荷自白天转移至夜间的特性，称为蓄冷式空调的负荷平移效应。其工作原理如图 1—7 所示。

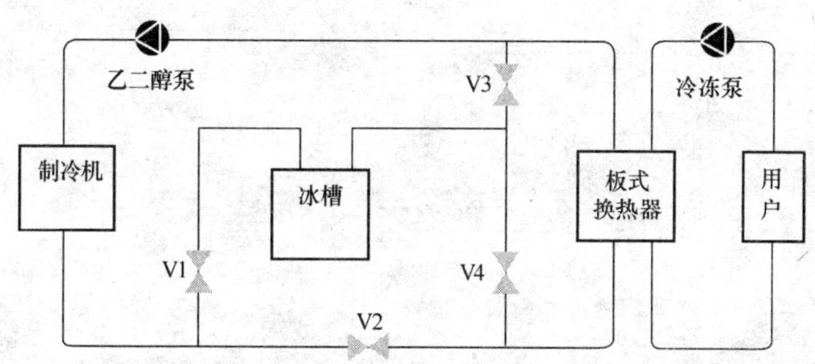

图 1—7　空调蓄冷工作原理

空调蓄冷系统的工作模式可分为以下 4 种。

1. 蓄冷过程

系统中 V1 与 V3 开启，V2 与 V4 关闭，制冷机在蓄冰工况下运行，对乙二醇溶液进行降温，使其达到 -5.5℃左右。在溶液泵的作用下，低温的乙二醇溶液进入蓄冰槽，使槽内的 90% 以上的水冻结起来，形成蓄冰。

2. 融冰过程

系统中 V1 与 V4 开启，V2 与 V3 关闭，制冷机停止运行，在溶液泵的作用下，高温的乙二醇经过主机进入蓄冰槽换热管内将冰融化并带出冷量，经 V4 进入板式换热器中对空调回水进行降温，实现了融冰释冷过程。

3. 主机与蓄冰槽同时供冷过程

空调热负荷较多时，蓄冰槽的冷量满足不了负荷要求，可以同时运行主机和蓄冰系统。系统中将 V1、V2、V4 开启，V3 关闭。实现主机与蓄冰槽并联制冷。

4. 主机单独制冷

系统中将 V1、V3、V4 关闭，V2 开启，可以单独实现主机制冷。

第二单元　楼宇中央空调设备及辅助设备

模块一　冷水机组和热力机房

一、螺杆式冷水机组的结构及工作过程

螺杆式冷水机组是提供冷冻水的大型制冷设备。它是由螺杆压缩机、冷凝器、蒸发器热力膨胀阀及自控元件组成的完整制冷系统。具有结构紧凑、体积小、操作维护方便、运转平稳等优点，因而得到了广泛应用，如图 2—1 所示。

图 2—1　螺杆式冷水机组

1. 开启螺杆压缩机

国产开启螺杆压缩机在结构上采用了多项先进技术：

（1）轴向定位及径向支撑全部采用高质量进口滚动轴承，转子定位精确，轴颈无磨损，额定寿命为 40 000 h。由于轴承精

确定位使得转子装配间隙减小，实测其容积效率高于普通机型，相同工况下的制冷量比螺杆普通型压缩机高2%~3%。

（2）采用最新结构的机械密封，密封压力可达2.5 MPa，确保其使用寿命。

（3）润滑系统在机器运转时由高低压压差供油，一个小油泵仅在开机前提供预润滑油，油泵故障率极低；能量调节滑阀及内容积比调节机构均由计算机自动控制，保证压缩机在高、中、低温各种工况下均运行在效率最高点，运行更经济，便于实现自动化控制，内容积比可调，在国外已普遍被采用，在中央空调蓄冷技术中，也广泛使用可调内容积比的螺杆压缩机。

螺杆制冷压缩机一般可分为机体、转子、滑阀、轴封和联轴器等部件。

吸气过滤器布置在机体内，吸排气截止阀和吸排气止逆阀合二为一，成为最新结构的止回式截止阀。这一切使机器的结构更紧凑，外形更美观。

2. 螺杆式制冷压缩机工作原理

双螺杆（压缩机）是一对相互啮合、旋向相反的阴、阳转子，如图2—2所示。阴转子为凹型，阳转子为凸型。随着转子按照一定的传动比旋转，转子基元容积由于阴阳转子相继侵入而发生改变。侵入段（啮合线）向排气端推移，于是封闭在沟槽内的气体容积逐渐缩小，压力逐渐升高，压力升高到一定值（或者说转子旋转到一定位置）时，齿槽（密闭容积）与排气孔相通，高压气体排出压缩机，进入油分离器。吸气、压缩、排气过程如图2—3所示。

3. 螺杆式冷水机组

螺杆式冷水机组是将螺杆压缩机组与蒸发器、冷凝器、干燥过滤器、电磁阀及热力膨胀阀等组合在一个公共底座上，采用水作为载冷剂的机组。冷水机组常采用R22或R134a作为制冷剂，并采用热力膨胀阀自动调节供液量。目前也有采用氨作为制冷

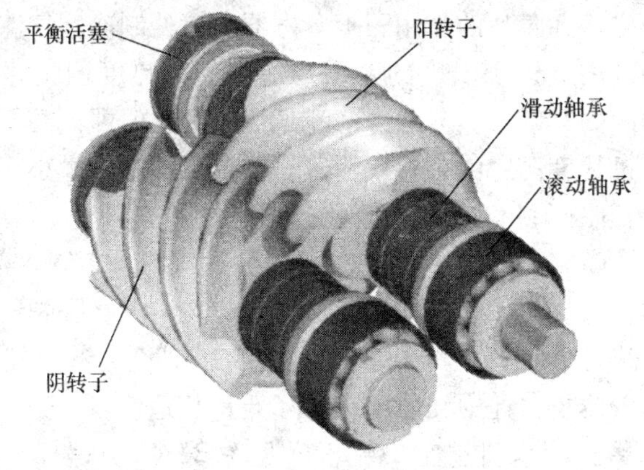

图 2—2　转子部件

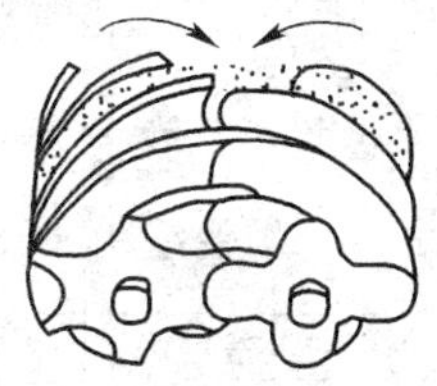
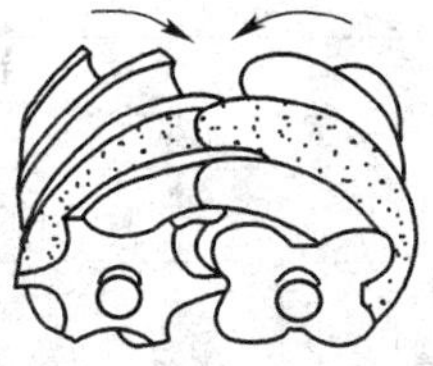
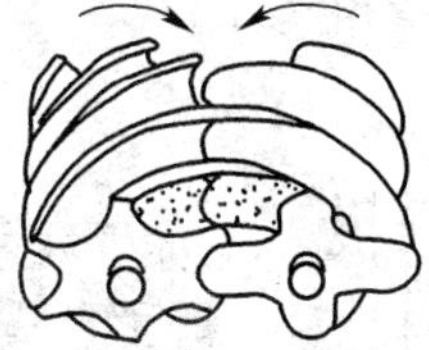

图 2—3　转子工作过程

剂，板式换热器作为蒸发器和冷凝器。采用壳管换热器可制取 4～15℃的空调或冷却用水；而采用板式换热器可制取 1℃左右的冷水。冷水机组除了有正常压缩机组的自动保护外，还有冷水、冷却水断水保护及冷水低水温保护功能。

（1）热力膨胀阀。由感温包、毛细管、弹性膜片、弹簧、阀芯、阀座及调节装置等组成。感温包绑在靠近压缩机的吸气管路上，利用感温包内的制冷剂饱和温度与饱和压力的对应关系，温度变化时压力也发生变化，改变阀芯的开启度，调节膨胀阀的供液量。调节装置用来改变弹簧压在膜片上的弹力，从而改变吸气过热度。

热力膨胀阀装在蒸发器制冷剂进口处；感温包装在蒸发器制冷剂出口处，用于感受出口处蒸发器的过热温度。在热力膨胀阀内，通过弹簧和膜片的作用，把蒸发器出口处制冷剂气体温度与蒸发器中制冷剂饱和温度的差值与适当的过热度调定值进行比较，控制阀的开度，调节制冷剂流量。当此差值即蒸发器出口过热度高于过热度调定值时，表明蒸发器提供的制冷量小于此时的冷负荷，膨胀阀将自动开大阀孔，增加制冷剂流量，增加制冷量；反之，膨胀阀将关小阀孔，减少供液量，减小制冷剂流量。外接平衡管将热力膨胀阀与蒸发器出口相连，使膨胀阀所提供的过热度与蒸发器出口处的饱和温度（制冷剂流经蒸发器时的压降将使蒸发器出口处饱和温度有所降低）相适应。

（2）螺杆冷水机组工作流程（见图 2—4）。螺杆冷水机组的工作过程可分为两部分。

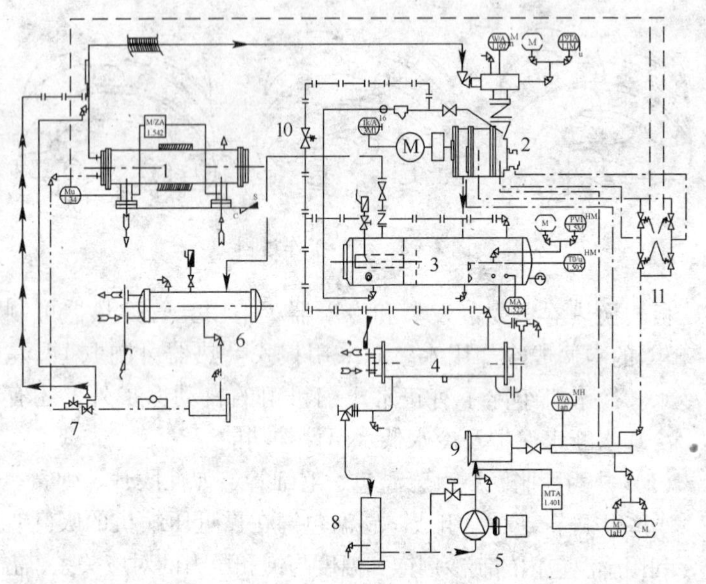

图 2—4　螺杆冷水机流程图

1—蒸发器　2—螺杆机　3—油分离器　4—油冷却器　5—油泵　6—冷凝器　7—热力膨胀阀　8—粗油过滤器　9—精油过滤器　10—停车旁通电磁阀（B 阀）　11—能量调节电磁阀

1）制冷过程。制冷剂在蒸发器中低压下吸收空调回水的热量汽化，使冷冻水温度降低至7℃左右，产生冷冻水。汽化后的制冷剂带走热量被螺杆压缩机吸入，压缩成高温高压的制冷剂气体，送入到油分离器中，将润滑油分离，纯净的制冷剂气体进入冷凝器中利用冷却水冷却液化，在这里制冷剂将携带的热量释放到冷却水中。高压的制冷剂液体经过干燥过滤器再被热力膨胀阀节流降压，变成低压液体继续送入到蒸发器中对冷冻水进行制冷，如此循环实现制冷过程。

2）润滑过程。在油分离器中分离出来的润滑油温度较高，首先进入油冷却器中降温至40℃左右，再经过粗油过滤器进入油泵，加压后经精油过滤器滤掉细小杂质进入油分配总管。然后，再分成几路向螺杆机供油，进入机器的油起到润滑、密封、冷却、消音以及为能量调节装置提供动力的作用，最后，润滑油全部随着压缩机的排气进入油分离器中，完成油路循环。在油泵的进油管与出油管之间加设压力调节阀（恒压阀），用来调节供油压力，螺杆机的供油压力要比排气压力高0.15～0.3 MPa。

机组中还有停车旁通管、三级油分回油管、油冷却器放气管。

停车旁通管的作用是当螺杆机停车时，旁通管上的电磁阀（B阀）自动打开，将高压气体送入到压缩机的吸气端，使转子上下压力迅速平衡，防止转子倒转，减轻摩擦力。

三级油分回油管的作用是当三级油分内出现高油位时，为不降低油分的分油效果，打开回油管上的回油阀，将油回流到压缩机吸气口。

油冷却器放气管的作用是在油冷却器中，防止油中混入的制冷剂蒸发集中在油冷却器上方，影响油的冷却效果，及时通过放气管排出其中的制冷剂气体。

4. 可调内容积比螺杆压缩机的能量调节及内压比调节

（1）内容积比调节。螺杆压缩机具有内压缩这一特性，有一定的内压比，而压缩机的工作压力比即外压力比随工况而定，这就要求螺杆机的内压比随之变化，使螺杆压缩机的内压力比接近或等于外压力比，使机器的功耗最小，运转最经济。当内压力比与外压力比的差值越大，多消耗的功也越大。为了使机器能长期经济运转，可通过调节螺杆压缩机的内容积比，使内压力比接近或等于外压力比。

外压力比的计算公式为

$$外压力比=\frac{冷凝压力}{蒸发压力}=\frac{排气压力(表压)+0.1}{吸气压力(表压)+0.1}$$

内容积比的调节机构主要由电磁（或手动）换向阀、内容积比滑阀等组成，如图2—5所示，内容积比的测定机构主要由位移传递杆和直线电位器组成，图中 L_1 为滑阀排气口的开度，它的大小决定了机器的内容积比的大小。当控制盘上发出增大内容积比的信号时，换向阀中位P口和A口连通，从滤油器来的高压油先后通过换向阀的P口、A口后经SC-3口进入内容积比活塞左边的油缸内，该活塞右边的油从SC-4口流出后经换向阀的B口、T口流向回油管回到压缩机中，则内容积比活塞在前后压差的作用下带动内容积比滑阀向右移动，L_1 逐渐减小。反之，当需减小内容积比时，换向阀中位P口和B口连通、T口和A口连通，从滤油器来的高压油先后通过换向阀的P口、B口后经SC-4口进入内容积比活塞右边的油缸内，该活塞左边的油从SC-3口流出后经换向阀的A口、T口流向回油管回到压缩机中，内容积比活塞在前后压差的作用下带动内容积比滑阀向左移动，L_1 逐渐增大。滑阀的位置由位移传递杆传感到电位器，电位器上测出的电阻值经处理后转换为内容积比的数值显示出来，当活塞到达油缸的最右端时，排气口开度最小，内容积比为最大值5，当该滑阀到达左止点时，内容积比为最小值2.5。内容积比可在2.5~5范围内实现无级调节。

（2）能量调节。能量调节机构主要由电磁（或手动）换向

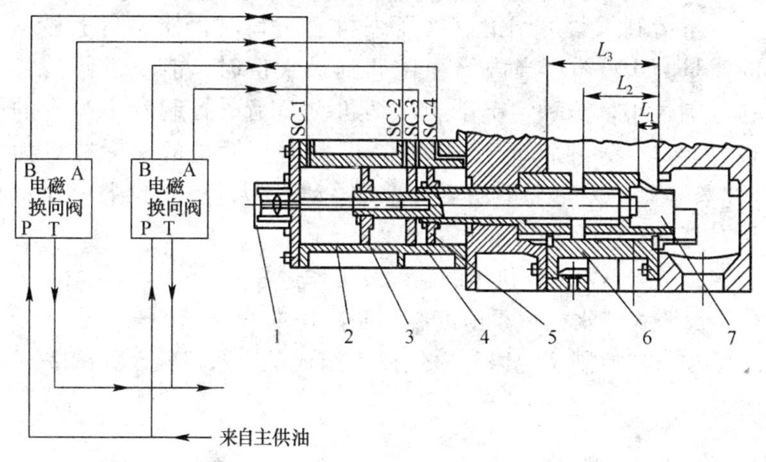

图 2—5　内容积比调节与能量调节

1—能量测定机构　2—油缸　3—能量油活塞　4—隔板　5—内容积比活塞　6—内容积比滑阀　7—能量滑阀

阀，能量调节油活塞和能量调节滑阀组成。能量的测定机构主要由螺旋杆和旋转电位器组成，如图 2—5 所示。加载时，从滤油器来的高压油先后通过换向阀的 P 口、A 口后经 SC-2 口进入能量活塞右边的油缸内，该活塞左边的油从 SC-1 口流向压缩机回油孔，则能量活塞带动能量滑阀向左移动，当滑阀靠紧可调滑阀时，压缩机为全负荷，控制盘上能量显示为 100%，此时工作腔有效长度为转子全长 L_3。反之，当减载时，滑阀向右移动，工作腔的气体从滑阀与内容积比滑阀之间的空腔回流到吸入端，工作腔有效长度为 L_2，设备即在部分负荷下运转，滑阀右移到右止点时，则 L_2 达到最小值，此时设备能量最小，为全负荷的 15%，故压缩机的制冷量可在 15% ~ 100%无级调节，能量滑阀所在位置经螺杆传递到旋转电位器，经处理后转换为能量百分数显示。

能量滑阀的移动范围与内容积比滑阀的位置有关。当内容积比调到最小时，能量滑阀的移动范围最大，这种情况下当能量滑阀靠紧可调滑阀即压缩机全负荷时，控制盘上显示的能量为 100%。当内容积比调到最大值时，能量滑阀的移动范围最小，这种情况下当压缩机全负荷时控制盘上显示的相对能量百分数将低于 100%，但此时压缩机的实际能量为 100%（即绝对能量百分数）。对手动机型，控制盘上只显示相对百分数。

二、离心式冷水机组的结构及工作过程

离心式冷水机组是由离心式制冷压缩和配套的蒸发器、冷凝器和节流控制装置以及电气仪表组成的冷水机组，如图 2—6 所示。

图 2—6　离心式冷水机组

1. 离心式冷水机组的特点

（1）单机制冷量大。国产空调用离心式制冷机组的制冷量在 580 ~ 2 800 kW，国外最大机组的制冷量为 28 000 kW（1 RT = 3 517 W = 3 024 kcal/h）。

（2）结构紧凑、质量轻、尺寸小，因而占地面积小。相同的制冷工况及制冷量，活塞式制冷压缩机比离心式制冷压缩机（包括齿轮增速器）重 5 ~ 8 倍，占地面积多一倍左右。

（3）没有气阀、填料、活塞环等易损件，因而工作可靠，

操作方便，维护费用低。

（4）运转平稳、振动小、噪声小。运转时制冷剂中不混有润滑油，因此蒸发器和冷凝器的传热性能好。

（5）能够经济地进行调节。当采用入口导流叶片调节器和改变扩压器宽度调节装置时可使机组的负荷在30%~100%范围内进行高效率的调节。

（6）易于实现多级压缩和节流，达到一台制冷机多种蒸发温度的操作运行。

离心式制冷机的缺点包括单机制冷量不宜过小，不宜采用较高的冷凝压力，离心压缩机的效率稍逊于活塞制冷机，变工况适应能力不强以及加工精度要求高等。

2. 离心式制冷压缩机

离心式制冷压缩机是借助叶轮旋转运动产生的离心力来压缩制冷剂气体的。常采用的制冷剂有R22、R123、R134a等。叶轮外形如图2—7和图2—8所示，工作过程如图2—9所示。

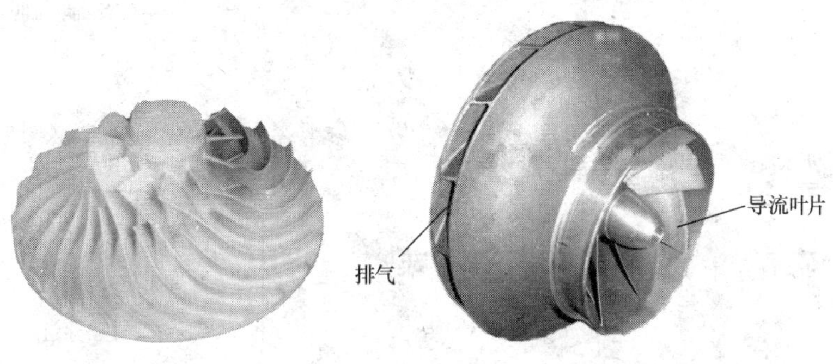

图2—7　开式叶轮　　　　图2—8　闭式叶轮

离心机的种类按压缩机与电动机的连接方式分为半封闭和开启式，按压缩级数分为单级、双级、三级，按能量利用程度分为单一制冷型、热泵型、热回收型等。

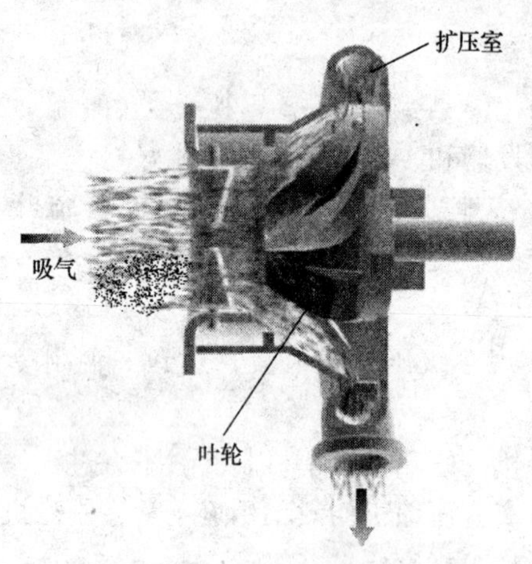

图 2—9　离心式压缩机工作过程

3. 离心式冷水机组结构

主要以特灵三级离心式冷水机为例，如图 2—10 所示。

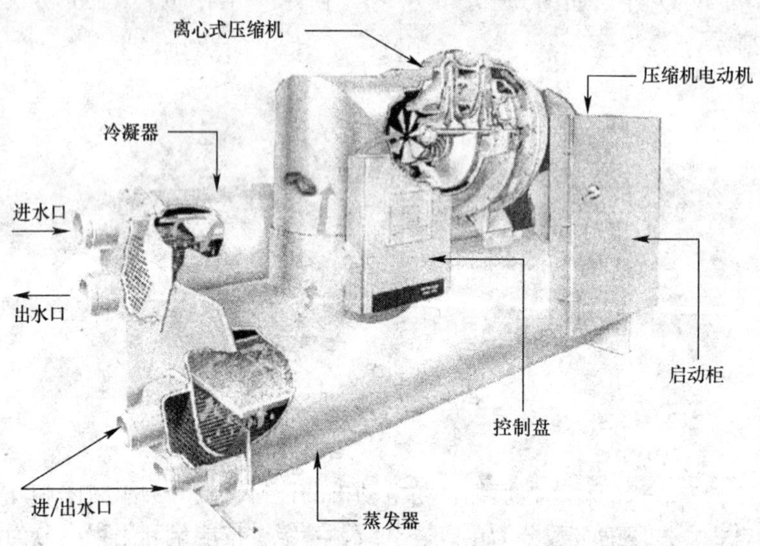

图 2—10　特灵三级离心式冷水机

（1）特灵三级离心式冷水机的主要特点。采用直接传动的方式，结构简单可靠，转速低，运行噪声最小，叶轮直径小，压缩机寿命长，且效率高；制冷剂直接冷却电动机，运行可靠；固定复式孔板流量控制装置能有效控制流量；节能器能提高效率，这是单级机组无法实现的；制冷效率高，能有效避免喘振；可在较宽的容量范围内稳定运行。

（2）复式固定孔板流量控制装置（特灵专利）如图 2—11 所示。

图 2—11　复式固定孔板流量控制装置

特灵专利的复式固定孔板流量控制装置取消了运行部件，可在任何负荷情况下可靠运行。无论是全负荷还是部分负荷均能有效地控制制冷剂的流量。全负荷运行时，制冷剂液位较高，在管道中经过第二级节流孔板时，才产生闪发气体，这时进入蒸发器的液体流量变大，增加制冷量；当在部分负荷运行时，制冷剂液位降低，制冷剂经第一级节流孔板和第二级节流孔板时，都会产生闪发气体，闪发气体量增加，进入蒸发器的制冷剂流量减少，机组制冷量减少，如图 2—12 所示。

（3）节能器。节能器的作用是将经节流孔板节流后产生的气液混合的制冷剂送入节能器中，进行气液分离，气体被压缩机吸走，从而也起到对制冷剂液体的降温作用，使之成为过冷液体。

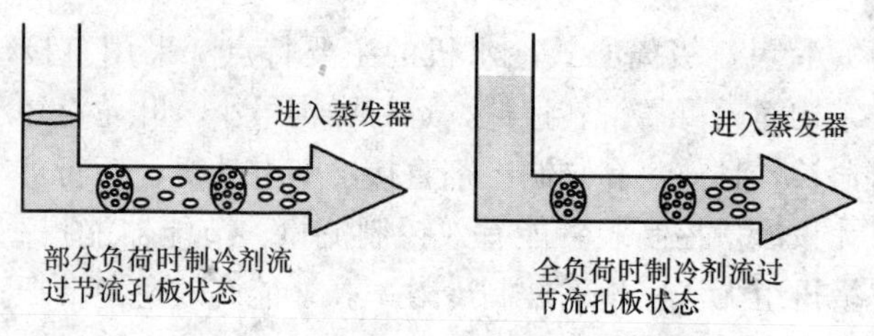

图 2—12　复式固定孔板节流不同状态

来自冷凝器的制冷剂液体首先进入一级节流孔板，即进入节能器高压段，然后，其中闪发制冷剂气体再经左侧出气管进入压缩机第三级吸气口压缩，分离后的制冷剂液体经过底部的第二级节流孔板节流后进入节能器低压段，其中节流后的闪发气体经过出气管道进入压缩机第二级吸气口，过冷后的制冷剂液体最终进入蒸发器供液管路开始制冷。特灵三级压缩之间的两级节能器可提高机组效率 7%。

（4）半封闭式电动机冷却系统如图 2—13 所示。

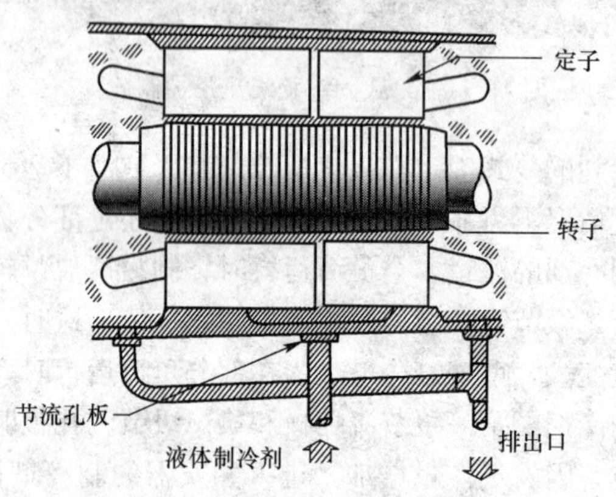

图 2—13　半封闭式电动机冷却系统

特灵离心机组的电动机冷却采用的是喷液冷却技术。从冷凝器出液管路引出液体制冷剂送至电动机喷液管，经节流孔板降压后喷入电动机内部吸收电动机热量对电动机进行冷却，蒸发后的制冷剂气体一路回到节能器低压段，另一路进入油冷却器对油进行冷却后再回到节能器，进而被压缩机吸走，完成电动机冷却过程。

（5）自动回油系统如图 2—14 所示。油箱中的压力通常与吸气压力相等，而一般油箱的位置都高于蒸发器，因此浮在蒸发器制冷剂液面上的油就难以保证返回油箱。在离心机中一般采用喷射技术回油，从冷凝器上方引出一小股高压制冷剂蒸气，通向装在干燥过滤器处的引射喷嘴，图中管路用细实线箭头表示，由于这股高压气流在引管中产生较大的流速来引射，造成干燥过滤器另一侧与蒸发器连接的管内产生更大的负压，这样可将蒸发器制冷剂液面上的润滑油经干燥过滤器吸入，并与高压制冷气体混合后带进油槽，润滑油再从油槽流入油箱。在冷水机组日常的维修管理中，应注意检查自动回油装置中的引射喷嘴和干燥过滤器的滤网是否出现堵塞现象，并及时拆下清洗。

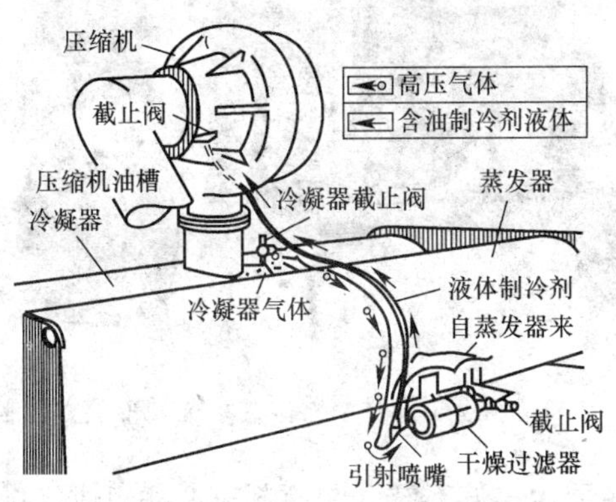

图 2—14　自动回油系统

1）清洁排气系统。采用氟利昂为制冷剂的空调用离心式冷水机组，特别是机组运行时，压缩机入口段和蒸发器处于负压状态的 R123 冷水机组，当充灌制冷剂、机组运行、局部检修和冬季停机期间，均不可避免地有空气等不凝性气体漏入机组内部系统，空气漏入制冷系统后，往往聚集在冷凝器上部，占据了一部分热交换容积，使冷凝器温度和冷凝压力上升，相当于压缩机在高压力比的工况下运行，因而消耗的功率增大，制冷量减少，有时还由于冷凝压力过高而导致喘振的发生。在现代空调用离心式冷水机组中，均设有放气机构，排除机组内部空气、水分和其他不凝性气体等，同时还可回收混合气体中的氟利昂制冷剂到机组内，因而该机构通常又称为抽气回收装置（清洁排气系统）。

空调用离心式机组中的抽气回收装置一般采用两种型式：一是抽气系统中配有小型往复式制冷压缩机的有泵型；二是取消往复压缩机的无泵型，称为无泵抽气回收装置。

下面介绍的是特灵离心机组中有泵型的清洁排气系统，如图2—15所示。

图2—15　新型干燥过滤器排气系统（带独立控制）

此系统主要由排气系统和制冷剂过滤罐组成。排气系统实质就是一套完整的制冷剂为R134a的小型制冷机组，其作用是将冷凝器中的混合气体进行冷却液化，分离空气和制冷剂。制冷剂过滤罐的作用是防止制冷剂排放到空气中，保护环境。该系统的操作分为自动操作和手动操作两种方式。

排气系统的运行原理如图 2—16 所示。

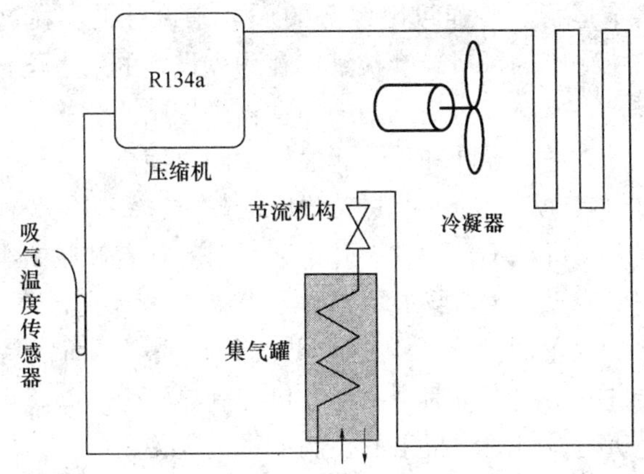

图 2—16　排气系统原理

吸气温度传感器用于控制压缩机的开和关，18℉（-7.8℃）时压缩机运行，22℉（-5.6℃）时压缩机停止。来自主机冷凝器中 R123 和空气等混合气体进入集气罐（实质是排气系统的蒸发器）中被降温液化，液化后的制冷剂经过干燥过滤器返回主冷凝器中，回收了制冷剂。集气罐上方的空气再经过制冷剂过滤罐，滤除制冷剂后安全地排放掉，如图 2—17 所示。

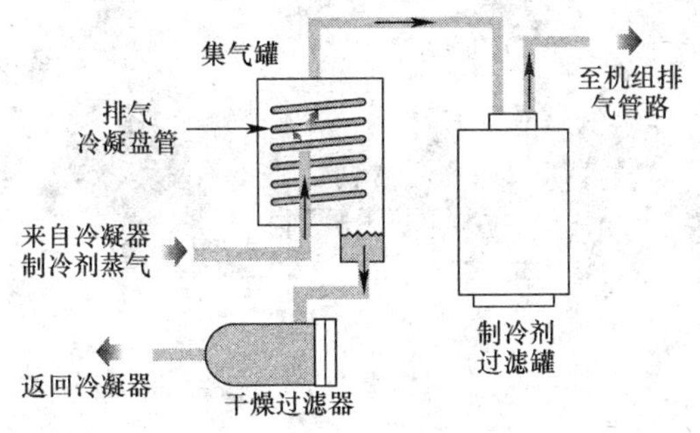

图 2—17　空气排放及制冷剂液体返回

2）热气旁通。热气旁通是为机组在最小负荷条件下，允许机组的稳定运行，并通过冷媒侧的循环来设计的。在这种情况下，压缩机冷媒的进口导叶被锁定在预先设定的最小位置，而冷水机的容量是靠热气旁通阀门的驱动器来控制调节的。控制的保护设计为允许进口导叶和热气旁通阀关闭以使机组停机。

当机组启动并运行时，进口导叶会越过这一热气旁通初定位置而加载。当机组不再加载而开始减载时，随着卸载的进一步进行，压缩机冷媒的进口导叶会越来越接近热气旁通的切定位置，当到达这个位置后，叶片就不会再被驱动关小，而保持在该角度。如要进一步减小负荷则由计算机控制热气旁通阀，可以实现机组的小负荷运行。当机组的控制信号决定关闭停机，进口导叶将被控制完全关闭，且热气旁通阀门也被驱动关闭。当进口导叶完全关闭后，机组将以缓慢的方式停机。

3）三级压缩两级节能器制冷循环（见图 2—18）。三级压缩两级节能器制冷循环过程是一个比较简单的单级制冷过程，在这里不再叙述。所不同的是制冷剂在两级节能器中的变化及流动方向，在介绍节能器时已经讲过了。

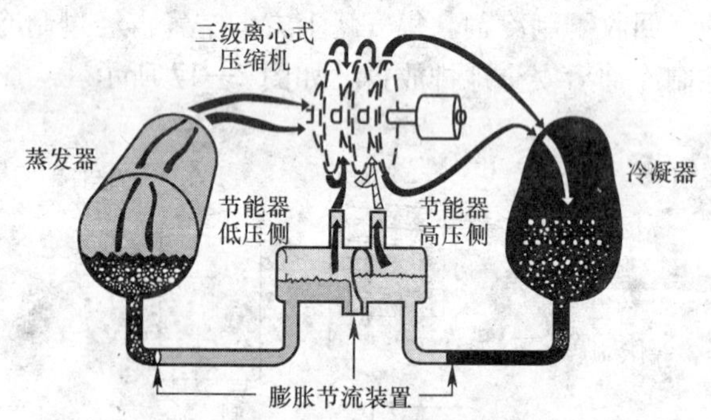

图 2—18　三级压缩两级节能器制冷循环

三、溴化锂吸收式冷水机组的结构及工作过程

溴化锂吸收式冷水机组是以热能为动力，以水为制冷剂，以

溴化锂溶液为吸收剂，制取0℃以上的冷冻水。可以用做空调或生产工艺过程的冷源。现以双效蒸气型溴冷机为例进行介绍，如图2—19所示。

图2—19　蒸气型溴冷机组

双效蒸气型溴冷机的主要部件是在单效机组的基础上加设高压发生器、高温热交换器和热回收器等部件，以提高机组的效率。

双效蒸气型溴冷机组运行工况一般为：饱和蒸气压力为0.4 MPa、0.6 MPa、0.8 MPa；冷水进出温度分别为12℃和7℃；冷却水进出口温度分别为32℃和37.5℃。

1. 工作原理（见图2—20）

稀溶液经溶液泵加压，先后进入低温热交换器和高温热交换器，再进入高压发生器；在高压发生器内，稀溶液被加热浓缩成中间浓度的溶液，解析出来的高温水蒸气作为低压发生器中的加热热源。同时，中间浓度的溶液经高温热交换器放热降温后进入低压发生器；在低压发生器中，高压发生器产生的制冷剂蒸气加热中间浓度的溶液，使其进一步浓缩为浓溶液，同时，起加热作

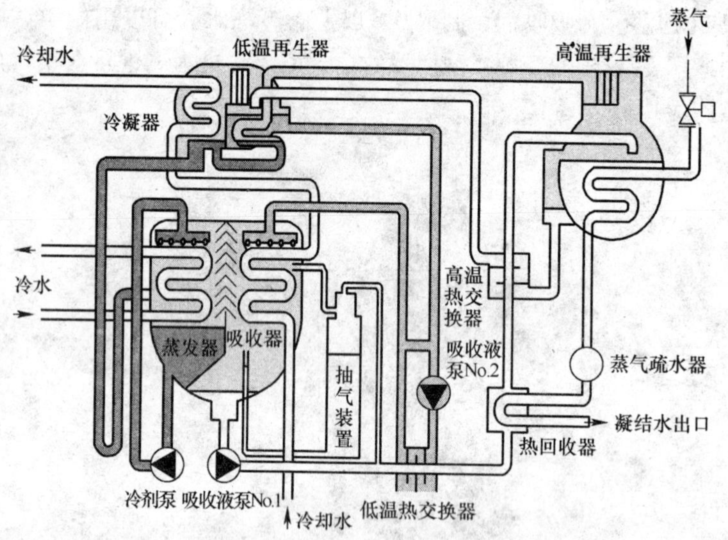

图 2—20　串联流程溴冷机

用的制冷剂蒸气凝结成液体水进入冷凝器；浓溶液则经过低温热交换器降温后进入吸收器，吸收来自蒸发器的制冷剂蒸气。制冷剂在冷凝器、蒸发器中的状态变化过程与单效型的过程相同。

在这个流程中，稀溶液先后进入高压发生器和低压发生器被浓缩，故称为串联流程。同时，加热热能被利用了两次，因此称为双效型。

2. 抽气装置

由于溴冷机工作在负压状态下以及溴化锂溶液对机体的腐蚀，会使系统中进入空气和产生氢气，这些不凝性气体的存在会破坏系统的真空度、降低制冷量、增加结晶的危险、影响机组的使用寿命，因此，必须及时抽出不凝性气体，控制好溴冷机的真空度。机组中设置抽气装置的作用是，抽出机内的不凝性气体并排出室外。不凝性气体主要存在的部位是冷凝器与吸收器。

抽气装置的组成可分为三部分：引射抽气、真空泵抽气和钯管放气。如图2—21所示。

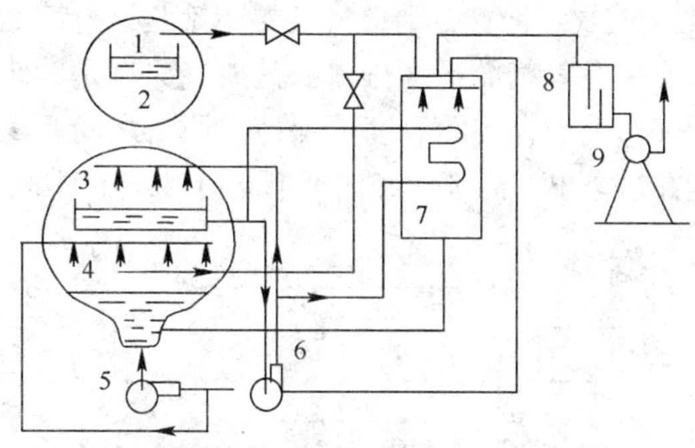

图2—21　抽气装置

1—冷凝器　2—发生器　3—蒸发器　4—吸收器　5—吸收器泵　6—蒸发器泵　7—水气分离器　8—阻油器　9—旋片式真空泵

（1）引射抽气。利用溶液泵排出的高压液流作为引射抽气的动力，在机器运转中自行连续不断地将不凝性气体抽到储气室中。

（2）真空泵抽气。在机器运转中，当储气室中的压力达到规定值时，自动启动将不凝性气体排出储气室。在停机期间，可以手动启动真空泵，直接抽除吸收器和冷凝器的不凝性气体，保持机体内的真空度要求。为了防止制冷剂水蒸气被抽出和防止真空泵油倒流至机器内，特在抽气系统中加设了水气分离器和阻油器。

真空泵抽除机组内的不凝性气体，以维持高度真空的设备。不凝性气体由泵进口吸入，然后被压缩，通过排气阀排出。排气阀一般浸在油中，以防止气体逆流。真空泵油在泵中循环流动，起着润滑和密封的作用。

真空泵装有气体镇流阀，当被抽气体中含有少量水蒸气时，开启气体镇流阀，向泵的排气腔内注入空气，提高排气腔的压力，使水蒸气不至于在泵中凝结成水，可以和空气一起排出，以防止油被凝结的水乳化后降低泵的抽真空能力。

（3）钯管放气。钯管自动放气装置不论是运行期间还是停机期间，可以实现对氢气的连续排放。其放气原理是，使钯管始终保持250~300℃高温，在此温度下保持钯原子之间距离加大，氢原子正好能穿过排出，而其他气体则不能通过，如图2—22所示。

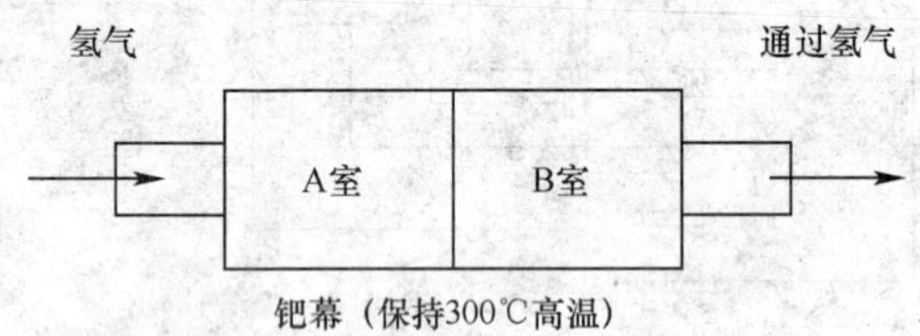

图2—22　钯管自动抽气原理

3. 冷剂再循环回路（见图2—23）

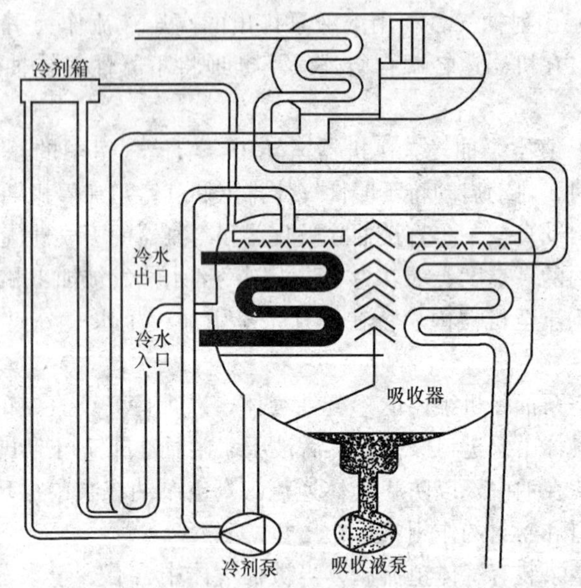

图2—23　冷剂再循环

（1）在机器的上方单独加设一个冷剂水箱，其进水管与冷剂泵出口相连，出水管与蒸发器冷剂水进水管相连，其上的气相管与蒸发器上方空间相通。

（2）冷剂再循环的作用主要是：停机时，冷剂箱中的水流入蒸发器中，缩短停机时稀释运转时间；当冷却水温度降到低温时（19℃），机组能保持安全运行；可以防止冷剂泵缺水产生气蚀现象。

4. 直燃型溴冷机（见图2—24）

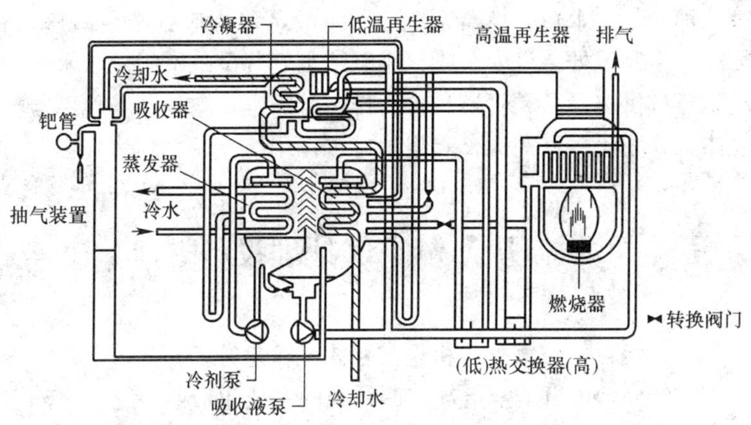

图2—24　直燃型溴冷机

（1）制冷循环。直燃型双效溴冷机的制冷循环与蒸气双效溴冷机相同，只是其高压发生器不是使用蒸气加热，而是使用燃料燃烧产生的高温烟气加热，同时高压发生器结构发生变化。制冷循环时，转换阀门需要关闭。

（2）采暖循环。当冬季采暖循环时，转换阀门需要打开。工作过程是，稀溶液被高温发生器加热浓缩，产生冷剂蒸气，该冷剂蒸气被直接送往蒸发器和吸收器。在蒸发器中进行热交换，制取空调温水。另外，被浓缩为中间浓度的吸收液进入吸收器，与冷剂水混合变稀，成为稀溶液，然后通过低、高温热交换器，再回到高温发生器。通过以上循环，实现制热。

四、换热站的组成

在中央空调系统中，冬季热源主要采用水—水换热器或气—水换热器来实现制取空调热水。

供热热源可以是市政热网的一次循环水或蒸汽，或是自备热水和蒸汽锅炉。冬夏季空调设备供水的管路是相同的，但水泵的水量相差较大，所以冬季运行时的热水泵是另设的。

换热器的主要形式有立式壳管式、卧式壳管式和板式换热器等几种。气—水热交换器系统中，一般蒸汽入口处装设减压阀；可能产生高压处装设安全阀；排凝结水处装设疏水阀。疏水阀适用于蒸汽供热设备和管道，自动排除凝结水、空气及其他不凝性气体，并阻止蒸汽漏失，起阻气排水作用。

模块二　空气处理设备

一、组合式空气处理机组与柜式风机盘管

空气处理机组是全空气空调系统的主要组成装置之一，对空调房间冷热量的需求的冷热源供应起着承上启下的作用，同时空调房间的空气参数也要通过它来控制。常用的大型空气处理机组有柜式风机盘管、组合式空气处理机组、新风机等。如图 2—25、图 2—26 所示。

图 2—25　组合式空气处理机组

图 2—26　柜式风机盘管机组

组合式空气处理机组是全空气系统中普遍使用的一种末端设备，用于处理新回风混合空气。用于处理全新风的机组称为新风机。通常包括均流段、过滤段（粗、中、高效）、表冷段（或淋水段）、加热段、加湿段、送风段、回风段、中间段及消声段等。超薄型空气处理机内部结构如图 2—27 所示。

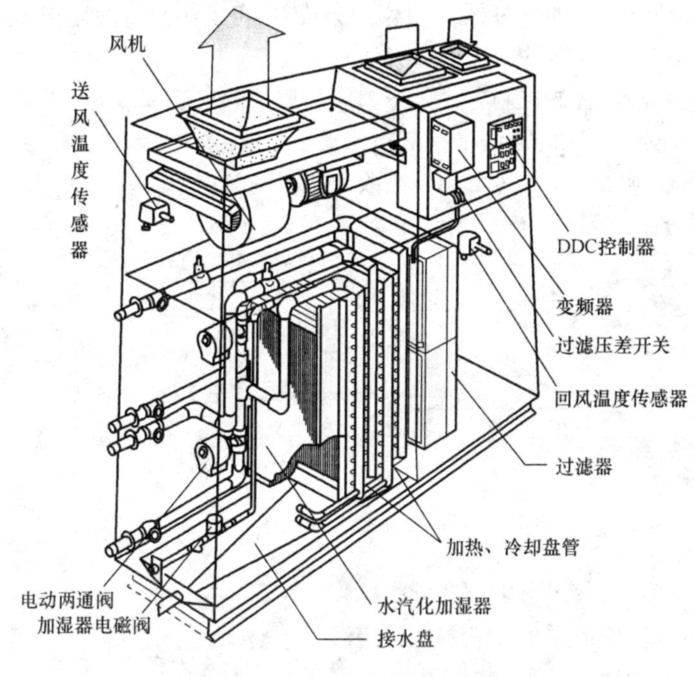

图 2—27　超薄型空气处理机

此外，在很多工程中采用以柜式风机盘管为主的空调系统。其特点是柜式风机盘管机组分层或分区设置，每台柜式风机盘管机组通过外接风管自成一个一次回风空调系统。柜式风机盘管机组一般通过自带的新风口采集室外新风。

二、风机盘管

风机盘管是将风机和表面式换热器组合在一起的装置。主要用于风机盘管空调系统，分散装设于空调房间内，就地处理空气的末端设备。与风机盘管相连接的有冷、热水管路和凝水管，由于机组需要承担大部分室内负荷，盘管容积较大，且通常都是采用湿工况运行。

风机盘管有立式和卧式、明装和暗装等形式，近年来又开发了多种形式，如立柱式、顶棚式以及可接分管的高静压风机盘管，使风机盘管的应用更加灵活、方便。

风机盘管的控制方式可分为风量调节和水量调节。水量调节（见图2—28）的方法是在其进水管路上装有水量调节阀，并由室温控制器控制。风量调节是改变风机的转速，以实现对室内温湿度的控制。

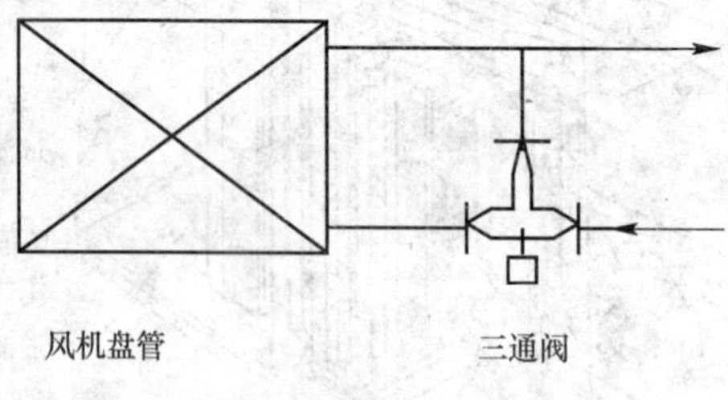

图2—28　风机盘管水量调节（三通阀）

安装有变风量末端装置的风管系统，各房间的送风量可以由安装在其内的温度控制器在设定温度下自动调节，这种系统可以实现每间房间的独立调节。

三、加湿器与消声器

1. 加湿器

空调系统中，加湿器是对空气进行加湿处理的设备。空气可以在空气处理机或送风管内对送入房间的空气集中加湿，加湿的方法可以采用直接喷水蒸气加湿、直接喷水雾加湿或电热加湿等。

（1）蒸汽加湿器。将水蒸气直接与空气混合而增加空气的湿度。使用较多的有蒸汽喷管和干式蒸汽加湿器。

蒸汽喷管的加湿原理是蒸汽由小孔喷出直接与被调空气混合。喷出的水蒸气往往带有较多的水滴，影响加湿效果。蒸汽加湿器噪声大，且不易控制。

干式蒸汽加湿器的加湿原理复杂（见图 2—29），但加入到空气中的蒸汽不夹带水滴，克服了喷管加湿的缺点，有省电、加湿快、均匀稳定、易控制、调节灵活等特点。

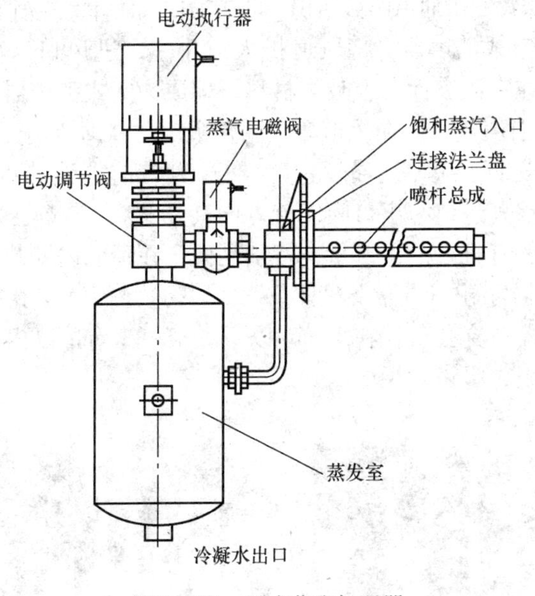

图 2—29　干式蒸汽加湿器

（2）喷雾加湿器常用于要求保持较高湿度的房间，这类加湿器直接在房间内将常温水雾化喷出或在空气处理机组中将水雾化并与空气混合，利用水雾吸收室内空气热量蒸发成水蒸气来加湿空气。常用的有回转式、离心式和超声波式加湿器等。

2. 消声器

空调系统工程的主要噪声源是通风机、独立式空调机组等。当气流流过风道、阀门、弯管、变径管、三通、风口时也能引起再生噪声。当室内噪声高于允许标准时，就要采取措施加以降低，一般是安装消声器或其他消音构件。

空调系统中常用的消声器如下：

（1）管式消声器。即在风道内壁贴泡沫塑料等吸声材料等，是最基本的阻性消声器。

（2）片式消声器（见图2—30）。将管道分隔成若干部分，相当于缩小了每一个通道的截面积，即成为片式或蜂窝式消声器。

（3）室式消声器。将风道扩大成小室，进风口与出风口错开位置，在室内表面贴上吸声材料，即成为室式消声器。

（4）消声弯头。在风道弯头内贴吸声材料即成消声弯头。

（5）送回风口消声静压箱。在送风口前加设消声静压箱，则可以使空气进口与出口间气流方向转变90°，若静压箱内贴消声材料一般有较大的消声量，特别是便于在顶棚内安装。

（6）微穿孔消声器（见图2—31）。这是由微穿孔板组合而成的消声器。穿孔直径在1 mm以下，板厚1 mm以内，具有足够大的声阻，吸声效果好。

图2—30　片式消声器

图2—31　微穿孔板消声器

模块三　空气的输送与分配设备

一、空调风机

风机是通风机的简称，在中央空调系统各组成装置中用到的风机主要是离心式通风机（简称离心风机，见图2—32）和轴流式通风机（简称轴流风机，见图2—33）。通常空气处理机组（如柜式、吊顶式风机盘管和组合式空调机组）、单元式空调机以及小型风机盘管都是采用离心风机。由于使用要求和布置形式的不同，所采用的离心风机可分为单进风和双进风、一台电动机带一个风机或两个风机。离心风机的特点是风量可大可小，风压较大、噪声小，由于风压较大，可以将空气输送到较远的地方。轴流风机主要是在冷却塔和风冷冷凝器中使用，其叶片角度分为可变和不变，一般小型轴流风机的叶片角度是固定不变的。

图2—32　离心风机

图2—33　轴流风机

二、空调通风管道与风口

1. 风道

组合式空调机组的通风管道主要有送风管道、回风管道及新风管等。这些管道均与空调机组相连，其中，送风管道与回风管道均需要加设保温层。由于中央空调调控面积大、风量大，所以风道系统较复杂，由主风道、支风道、风口、风阀、防火阀等组成。中央空调系统的送、回风气流组织有多种，如上送下回式、侧送侧回式、孔板送风、地板送风等。根据房间的使用功能和特点所采用的气流组织形式也不同。

中央空调的风道布置有几种不同形式：主风道为等径；主风道为变径的；单独风管风口送风，即每个送风口（散流器或双层百叶风口等）均由一只风道直接与空调机组连接；呈周边式的，为环形风道系统。

2. 送风口

（1）侧送风口如图 2—34 所示。这是最常用的一种空调送风口，由送风口出来的气流横向流过房间。在这类送风口中，有百叶窗式风口（叶片方向可调）、格栅式送风口和条缝式送风口等。

（2）孔板送风口。孔板送风口是使空气经过许多分布均匀的小孔的孔板送入室内，由于送风非常均匀，所以房间内的空气调节参数的分布就很均匀。常用于高精度恒温室和平行流洁净空调室中。

（3）散流器送风口如图 2—35 所示。通常安装在顶棚，气流自上而下送出。这种送风方式在散流器射程范围内气流较均匀，且噪声较小。有的散流器片可以调节。

图 2—34　侧送风口

图 2—35　散流器送风口

（4）喷射送风口如图 2—36 所示。这是大型建筑（如体育馆、会堂、剧场等）及高大空间（如工业厂房、候机厅、候车室等）常用的一种送风口形式。气流由喷口高速喷出，带动室内空气进行强烈混合，射程较远。

（5）旋流送风口如图 2—37 所示。旋流送风口是使处理后的空气流过旋流叶片切向进入集气箱，形成旋转气流，并由格栅送出，进入室内。由于气流呈旋转流形式，所以能与室内空气很好地混合。

（6）回风口如图 2—38 所示。回风口的形状应对室内气流组织影响较小。因此形状比较简单，大多呈长方形。回风口风速一

图 2—36　喷射送风口

图 2—37　旋流送风口

图 2—38　回风口

般在 1.5 ~ 3 m/s。常用回风口的形式有单层百叶风口、格栅风口、网板风口、箅孔和孔板风口等。回风口底部一般离地面 0.15 m 以上，以免地面上的灰尘被吸入。

三、风量调节阀与防火防烟阀

1. 风量调节阀（见图 2—39）

风量调节阀用于中央空调系统通风管道风量的调节和控制，风量调节阀按控制方式可分为自动控制和手动控制两种。自动控制又可分为四挡控制（0°、30°、60°、90°）和两挡控制（0°、90°）。

2. 防火防烟阀（见图 2—40）

图 2—39　风量调节阀

图 2—40　防火防烟阀

空调系统的风道常常穿过防火区或防烟分区，为此系统上要设置防火、防烟风门。发生火灾时，火焰侵入风道，高温使易熔化的金属合金熔解，或使记忆合金产生形变或用电驱动而使阀门自动关闭。防烟风门（SD）是与烟感器连锁的风门，即通过探知火灾初期发生烟气的烟感器来关闭风门，以防止其他防火区的烟气侵入本区。

模块四　循环水的输送与控制设备

制冷站内除了制冷主机外，还有各种输送与控制设备，如水泵、冷却塔、水过滤器、水处理装置、定压装置、集水器、分水器、阀门等，分别介绍如下。

一、循环水泵

制冷站内无论是冷冻水还是冷却水都离不开水泵的输送，水泵是制冷空调工程中极为重要的辅助设备。

空调系统中常用的水泵有 IS 系列、S 系列和 D 系列等。IS 系列为单级单吸、悬臂式水泵，流量范围为 6.3 ~ 400 m^3/h，扬程为 5 ~ 125 m。S 系列为单级、双吸、中开式水泵；D 系列为单级、多吸、分段式水泵；ISG 系列为管道泵；SB 系列是高效节能泵。图 2—41 所示为离心式水泵。

图 2—41　离心式水泵

选择水泵的两个重要参数是流量和泵的扬程。流量是指泵在额定工作状态下，单位时间内所输送的液体流量（m^3/h）。泵的扬程（压头）是指泵所输送的单位质量液体从进口至出口的能量增加值。泵的扬程一般用 H 表示，单位为 m。工程设计应按照空调系统水流量和系统阻力选择性能良好的水泵，离心泵通常应在或接近制造厂家设计规定的压力和流量条件下运行。

二、水过滤器

在水泵入口和水系统换热器等入口管道上均应安装水过滤器，以防止杂物进入，堵塞和污染设备。在工程中常用的是 Y 形水过滤器，具有尺寸小、安装清洗方便等优点，如图 2—42 所示。

图 2—42　Y 形过滤器

三、水管网中的阀门

空调水系统中，阀门被广泛应用于控制水压力、流量和流向。

空调水系统中常用阀门如图 2—43 所示，按阀体结构形式和功能可分为闸阀、蝶阀、截止阀、球阀、旋塞阀、止回阀、减压阀、安全阀、疏水阀及平衡阀等。按驱动方式可分为手动、电动、液动、气动等四种方式。按公称压力可分为高压、中压、低压三类。

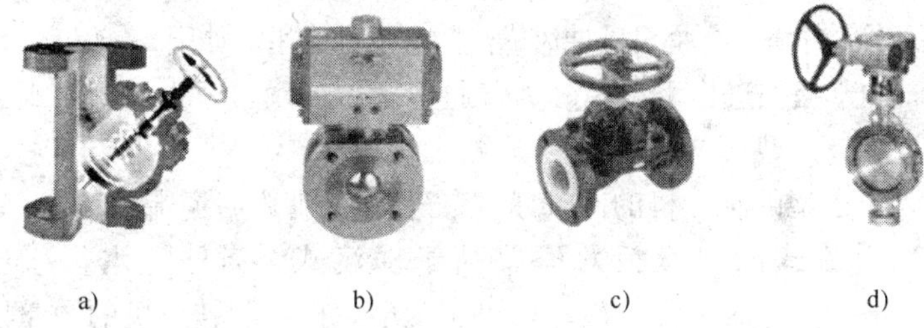

a)　b)　c)　d)

图 2—43　水系统中的阀门

a）平衡阀　b）疏水阀　c）截止阀　d）蝶阀

中央空调中控制风机盘管的阀门主要为电动阀系列和电动调节阀系列。电动阀由驱动器和阀体两部分组成，通过磁滞同步电动机和复位弹簧使阀门开或关，实现管道冷水或热水的通断。电动调节阀（见图 2—44）功能是阀门能根据目标区域温度控制信号的变化自动调节阀门的开度，从而改变水流量，最终使目标区域的实际温度与设定温度一致。

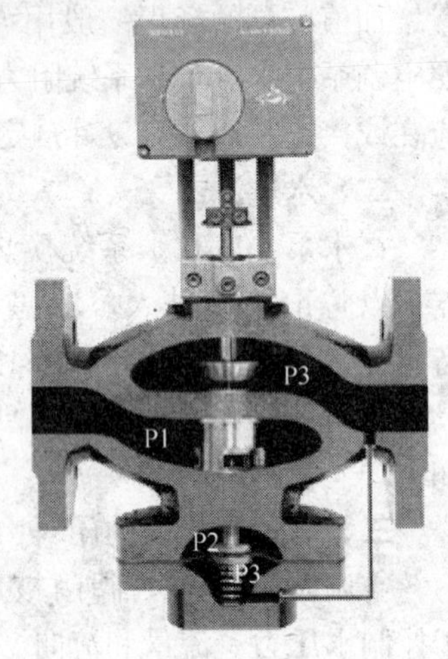

图 2—44　电动调节阀

平衡阀的作用是：流量调节和水压力平衡，通过旋转手轮，可以读出阀门的开启度，因此能解决各分支管路间的流量分配和水压力平衡；流量测量，通过测压孔测出压降值，按性能曲线图查出对应的流量；隔断作用和排污作用。

四、冷却塔及水处理设备

1. 冷却塔

冷却塔是制冷系统中将热量转移到大气中的设备，空调系统传热的最后一个过程就是在冷却塔中完成的。

空调系统中常用的冷却塔主要有两种型式：一是机械抽风逆流式圆形冷却塔；二是机械抽风横流式方形冷却塔。如图 2—45 所示。

冷却塔按进出水温差分为普通型（Δt =5℃）、中温型（Δt = 8℃）、高温型（Δt =28℃）。

中小型的制冷机的冷却水量较小，一般选用逆流式冷却塔，因为逆流式的热交换效率要高于横流式。当处理水量大于 300 m^3/h以上时，方形冷却塔可实现多风机控制，风机的数量随着处理水量的增大而增大，同时也可随着室外湿球温度的变化随意增减风机数量，对于温差较大的地区更有利于节能。

a)

b)

图 2—45　冷却塔

a）方形横流式冷却塔　b）圆形冷却塔

2. 水处理设备

制冷系统中的冷冻水和冷却水均应保持一定的水质条件，以防设备腐蚀、结垢和产生微生物与藻类物质。水处理装置中以安装软化水设备为最好，但价格高，同时软化处理过程中排放的大量盐会严重污染地下水，现在一般不提倡应用。电子水处理装置是近年来应用效果较好的一种水处理装置。其中，WT 型高频电子水处理器（见图 2—46）就是一种效果较好的水处理装置，其利用高频电磁场作用于流经处理器的水，防止硬垢生成，同时也具有防腐蚀的作用。

图 2—46　高频电子水处理器

第三单元　楼宇中央空调系统及工程应用

模块一　常规中央空调系统的几种形式

一、全空气集中式单风道空调系统

在空调工程中，全空气集中式单风道空调系统是最基本、最典型、最重要的系统。所谓全空气集中式单风道空调系统，就是依靠单一的送回风管道，夏季将冷风、冬季将热风集中送往各空调房间，而不在各房间使用各种末端空调设备的空调方式。室内的全部冷（热）负荷均由集中处理过的、由风道送往各房间的空气负担。

全空气集中式空调系统又可以分为全新风系统、全循环系统和新、回风混合式系统。在这里主要介绍新、回风混合系统中的一次回风系统和二次回风系统。

1. 一次回风空调系统

将来自房间的回风与室外的新风在表面式冷却器之前混合。这样可以减少夏季的冷负荷与冬季的热负荷。同时，由于送入室内的空气仍有部分新风，因此，能保证工作人员呼吸用氧的要求。新风数量越少，则经济性越好，但是被调节房间内的空气新鲜度也越差。所以，新风的数量应合理选择，一次回风空调系统如图 3—1 所示。

2. 二次回风空调系统

二次回风空调系统是将回风分成两股，一股在空调机组的进风端与新风混合，另一股在空调机组出风端与夏季冷却减湿处理

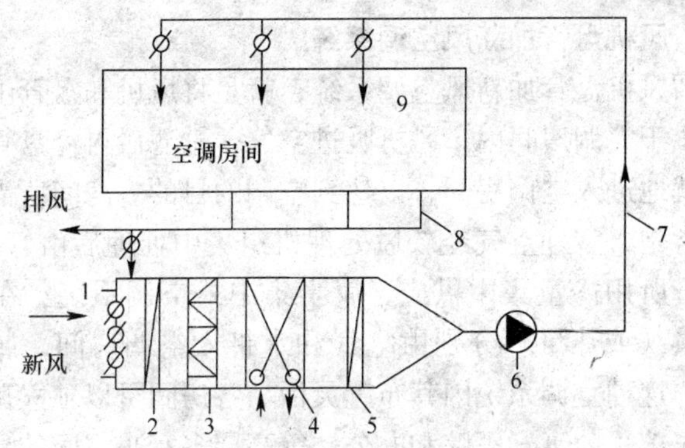

图 3—1　一次回风空调系统示意图

1—风量调节阀　2—预热器　3—过滤器　4—表冷器　5—再热器

6—通风机　7—送风管　8—回风管　9—送风口

（或冬季加热处理）后的空气混合。二次回风在夏季使用空调时相当于代替一次回风系统中的二次加热（再热器），冬季则可部分代替二次加热的再热器作用，因而节能效果好。二次回风空调系统如图 3—2 所示。

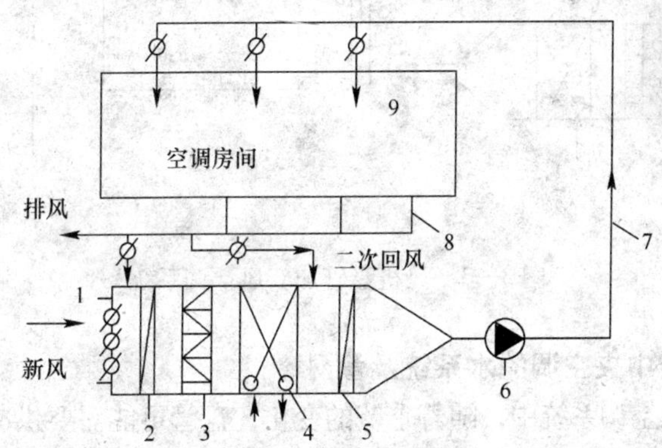

图 3—2　二次回风空调系统示意图

1—风量调节阀　2—预热器　3—过滤器　4—表冷器　5—再热器

6—通风机　7—送风管　8—回风管　9—送风口

二、风机盘管加新风空调系统

所谓风机盘管加新风空调系统，就是将风机和盘管组成的机组直接置于空调房间内，风机吸进空气，过滤后再经盘管加热或冷却，就地进入空调房间，以达到空调的目的。房间所需的新鲜空气通常是将室外空气经新风处理机组集中处理后由管道送入。风机盘管所用冷量集中供应，属半集中式空调系统。在此系统中，冷量（或热量）分别由空气和水带入空调房间，属空气—水系统。这种空调系统因其布置灵活、各房间可以独立调节而广泛用于宾馆、公寓、医院和办公楼等高层多室小空间的建筑，如图3—3所示。

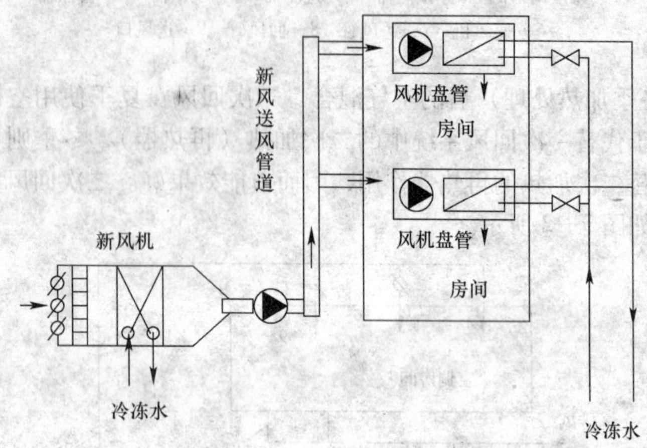

图3—3　风机盘管加新风空调系统

三、中央空调的水系统及管网

中央空调系统中，随着季节的变化，盘管可能需要供冷水或热水，因此中央空调系统水系统按其管网特征可以分为以下几种方式。

1. 双水管系统与四水管系统

（1）双水管系统。采用一根水管供水、一根水管回水的水路系统，称为双水管系统。夏季，供水管向空调房间内的风机盘管送冷水，供其制冷需要；冬季，供水管向风机盘管送热水，供其供暖需要。双水管系统的特点是结构简单、投资少，但系统供冷水、供热水的转换比较麻烦，尤其是在过渡季节，不能同时满足朝阳的房间需要制冷而背阳的房间需要供暖的要求。但双水管系统可按建筑物房间朝向进行分区控制，通过区域热交换器调节，向不同区域提供不同温度的水，分别满足各区域对温度的需求，现代工程中大多采用的是双水管系统。

（2）四水管系统。采用冷水一管供水、一管回水，热水一管供水、一管回水的水路系统，称为四水管系统。其特征是，供冷、供热的供、回水管均分开设置，具有冷、热两套独立的系统。该系统采用的是四管制的风机盘管，优点是能灵活实现同时供冷和供热；没有冷、热混合损失，但初期投资较高，适用于空调精度要求较高的房间。

2. 同程式水系统与异程式水系统

（1）同程式水系统（见图3—4）。供、回水干管中的水流方向相同，经过每一环路的管路长度相等。优点是水量分配和调节较方便，水力平衡性能好。缺点是需设回程管，管道长度增加，初期投资稍高。

（2）异程式水系统（见图3—5）。供、回水干管中的水流方向相反，每一环路的管路长度不等。优点是不需回程管，管道长度较短，管路简单，初期投资稍低。缺点是水量分配和调节较难，水力平衡较麻烦。

3. 定流量水系统与变流量水系统

（1）定流量水系统。系统中的循环水量保持定值（负荷变化时，通过改变供水或回水温度来匹配）。优点是系统简单，操作方便，不需要复杂的自控设备。缺点是配管设计时，不能考虑同时使用系统；输送能耗始终处于设计的最大值。常规中央空调系统较多采用此系统，如图3—6所示。

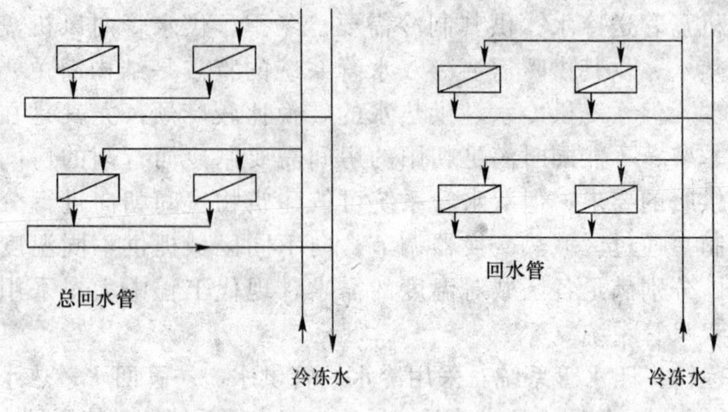

图 3—4　同程式水系统　　　　图 3—5　异程式水系统

（2）变流量水系统。系统中的供、回水温度保持定值，负荷改变时以供水量的变化来适应空调需要。优点是输送能耗随负荷的减少而降低；配管设计时，可以考虑同时使用系数，管径相应减小；水泵容量、电耗也相应减少。缺点是系统较复杂，必须配备自控设备。在工程中常用的控制方法是通过电动调节阀自动调节末端设备的用水量以及通过变频泵自动调节系统总供水量，两者通过自动控制装置达到匹配，维持水管网供回水压差稳定，达到节能效果，如图 3—7 所示。

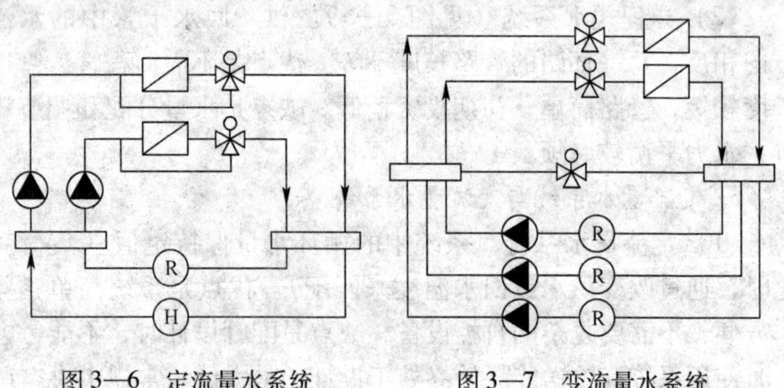

图 3—6　定流量水系统　　　　图 3—7　变流量水系统

4. 单式泵与复式泵系统

（1）单式泵系统。冷、热源侧与负荷侧合用一组循环水泵。优点是系统简单，初期投资少。缺点是不能调节水泵流量，难以节省输送能耗，不能适应供水分区压降较悬殊的情况。

（2）复式泵系统。冷、热源侧与负荷侧分别配备循环水泵。优点是可以实现水泵变流量，能节省输送能耗；能适应供水分区不同压降；系统总压力低。缺点是系统较复杂，初期投资稍高。

5. 闭式水系统与开式水系统

（1）闭式水系统。管路系统不与大气相通，但需要在系统最高点加设膨胀水箱或加设水系统定压装置。

（2）开式水系统。管路系统与大气相通，较少使用。

6. 补水定压方式

在中央空调水系统中，对整个管网的补水定压方式主要有以下三种。

（1）高位膨胀水箱补水定压如图 3—8 所示。在水管网的最高处设置一定容积的膨胀水箱，作用是定压，防止水温变化使体积膨胀造成对管路的破坏以及向外排气的作用。膨胀水箱的主要

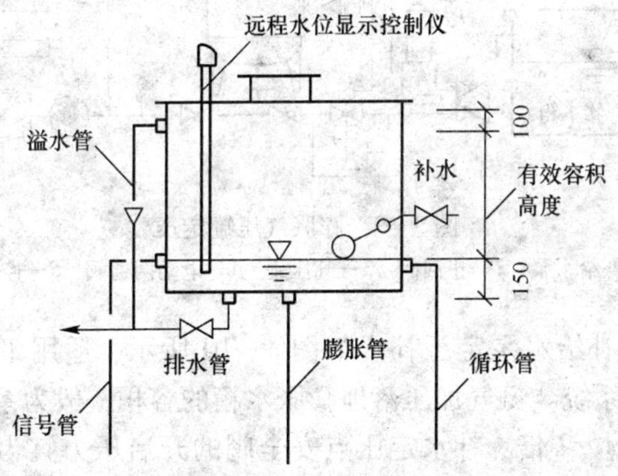

图 3—8　高位膨胀水箱

配管有膨胀管、循环管、补水管（手动和浮球阀自动控制）、溢流管等。其中，膨胀管与循环管一般连接在靠近循环水泵的吸入侧，为防止冬季供暖时水箱结冰，将循环管接在膨胀管的同一水平管路上，两者相距 1.5 ~ 2.0 m。

（2）采用膨胀气压罐定压如图 3—9 所示。工作原理是，罐内设一气膜，上部是气室，灌有氮气。下部是水室，通过管道与水系统相连。膨胀管道通常接在循环水泵的吸入管道上，对于低矮的建筑，膨胀管可接在回水管的任何位置，对于高层建筑，气压罐的最佳位置是水系统的最高处。采用气压罐的优点是水系统没有溶解的氧，延长管道寿命，气室能使系统长期稳定运行。

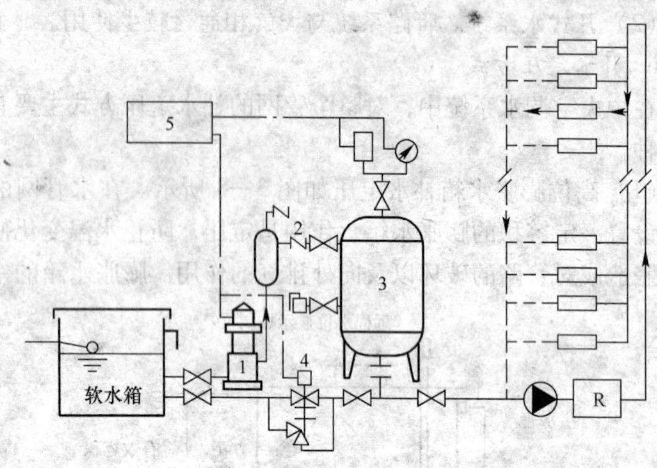

图 3—9　膨胀气压罐定压

1—补给水泵　2—止回阀　3—气压罐　4—电动两通阀　5—控制器

（3）补给水泵定压补水如图 3—10 所示。适用于大中型空调冷热水系统。氮气加压落地膨胀水箱的容积一般为系统每小时泄漏量的 1 ~ 2 倍。补水定压点安全阀的开启压力宜为连接点的工作压力加上 50 kPa 的富余量。补水泵的启停，宜由装在定压点附近的电接点压力表或其他形式的压力控制器来控制。电接点

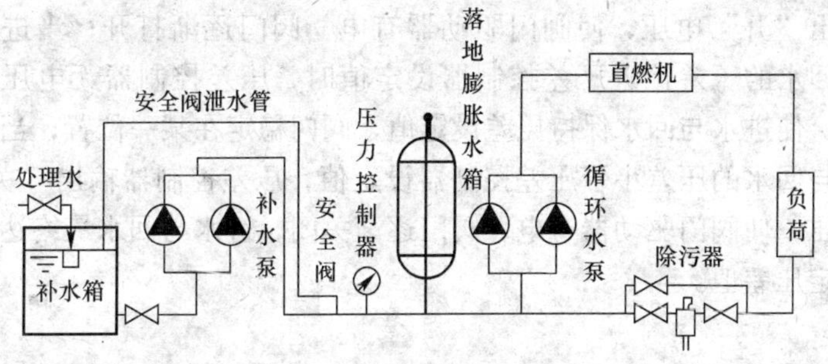

图 3—10　给水泵定压补水

压力表上下触点的压力应根据定压点的压力确定，通常要求补水点压力波动范围为 30 ~ 50 Pa，波动范围太小，则触点开关动作频繁，易损坏，对水泵寿命也不利。

7. 集水器与分水器

集水器与分水器的功能如图 3—11 所示。

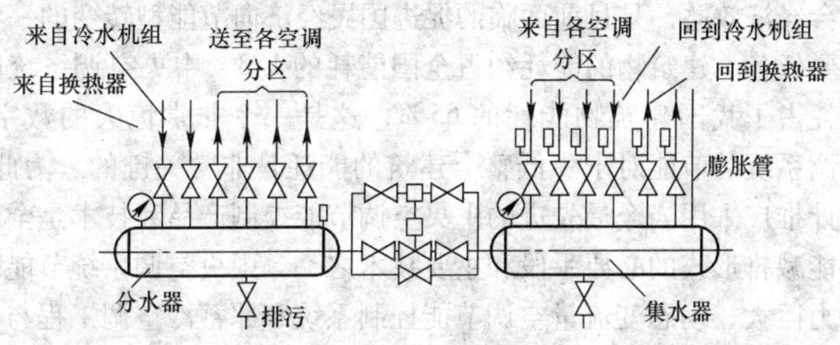

图 3—11　集水器与分水器

在集水器与分水器之间加设压差旁通控制系统，该系统主要由控制器、旁通电动调节阀门、驱动器、变压器以及手动旁通阀组成，压差控制器对系统的进水与回水两端正的压差进行检测，并根据检测的结果对电动阀门进行调节控制，从而使进水与回水实现旁通，以保持所需求的压差。

当进水与回水的压差超过压差控制器设定值时，压差控制器输出“开”电压，使阀门驱动器有电，阀门逐渐打开；当进水与回水的压差接近压差控制器设定值时，压差控制器无电压输出，使进水与回水保持压差设定值，阀门稳定在某一位置；当进水与回水的压差小于压差控制器设定值，压差控制器输出“关”电压，使阀门驱动器有电，阀门逐渐关闭，进水与回水最终达到设定压差值。

模块二 中央空调系统的节能措施与技术

能源是人类生存和社会发展必需的物质基础，节约能源是人类共同的使命。“节约能源”一直是我国的一项基本国策，坚持“节约和开发并举，把节约放在首位”一直是我国节能工作的长期方针。大力推进节能技术进步，大幅度提高能源利用率，提高社会经济效益，是目前面临的促进国民经济向节能型转变的一项重要任务。建筑物的能耗约占全国能耗的1/3，中央空调系统的能耗占了我国建筑物能耗的65%，这是一个非常惊人的数字。空调系统的节能对于降低整个建筑的能耗是非常关键的。为此，设计推广采用当今最先进的中央空调节能控制产品和技术是全球节能减排形式的必要手段和主要技术之一。中央空调系统节能的潜力巨大，动态变流量空调节能控制系统和冰蓄冷空调工程与大温差送风、送水技术的应用给空调水系统、风系统的控制带来一场革命，同时，给空调系统节能带来前所未有的效果，具有广阔的应用前景，值得大力推广。

一、中央空调节能运行措施

1. 合理确定室温控制标准

人的冷热感觉不仅与所处的环境有关（如室内空气温度、湿度、人体附近气流速度、围护表面温度等），还和人的活动量、衣着、年龄、体质等有关。确定室温在考虑以上因素的同时，还要考虑到房间的功能和使用情况，不同性质的房间控制的标准也不相同。室内外的温差情况也不能忽视，室内外温差越大，人体越难适应，对健康极为不利，研究和实践证明：夏季室内外温差一般控制在5～10℃比较好。我国规定民用建筑空调室内温度不能低于26℃，冬季室温不能高于20℃。

2. 合理使用室外新风

按照卫生标准要求，空调房间内每人必须保证一定的新风供应量。在夏季供冷冬季供热时，由于室内外温差比较大，为了节能，空调房间的新风供应量应维持在满足卫生要求的最小值，多用新风就意味着多耗能。在室内人员变动较大的空调房间可以采用手动或二氧化碳浓度检测器自动控制新风阀的方法，根据人员的变化相应调节新风阀，控制新风的最少使用量。

在过渡季节要供冷，就要充分利用室外低温的空气所具有的冷量，加大新风使用量，这种方案对于全空气一次回风系统节能效果明显，而对风机盘管系统利用室外的冷量能力有限，节能效果不大。近年来，国内一些单位已在一次回风系统中采用了焓差控制器来自动控制新风的使用量。焓差控制器通过分别安装在回风口和新风口的温度传感器和湿度传感器测出新、回风的温度及相对湿度，然后自动将其转换为焓值进行比较，再通过执行机构控制新风阀门的开启度。

3. 防止房间过冷或过热

房间过冷或过热不仅要多耗能，而且对人体的舒适感和健康不利。在管理过程中要注意以下几方面的原因：

（1）调节不及时，主要是自动控制装置不完善或失灵造成的，及时发现问题并及时完善和加强维护检修即可解决。

（2）设备容量配置过大，首选方案是换成合适的。其次是利用阀门减小风量和水量，或使风机、水泵低速运行。

（3）房间分隔不合理。

（4）系统过大不均衡，对于全空气一次回风系统来说，如果作用范围过大，又采用集中回风方式，在送回风不顺畅时，远离回风口的地方容易出现过冷或过热，可以通过改集中回风为分散回风等形式，或减小单机系统的作用范围。

4. 冷却塔供冷

冷却塔供冷组成和工作原理比较简单，即在常规空调水系统的基础上，增设部分管道、管件或设备，当室外湿球温度达到某值时，停止冷水机的运行，单独用冷却塔降温了的循环冷却水直接或间接地向风机盘管供冷，以减少制冷机的运行能耗。图3—12所示为冷却塔间接供冷系统原理图，在空调系统各自的冷却水和冷冻水循环基础上，增加换热器使两个水路循环建立起热交换关系。这种设置还可以进行冷水机和冷却塔两种方式的混合工作，使中央空调系统的运行管理既满足用户要求，又节能降耗。适用于在冬季或过渡季节时大厦内部区域、阳光照射区等地方的制冷需求。

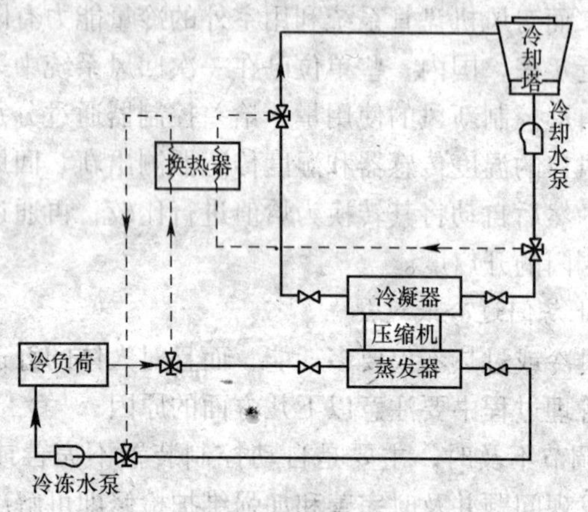

图3—12　冷却塔间接供冷

二、变频技术

中央空调大多数时间是低于机组额定负荷即部分负荷状态下

运行，造成了电能的极大浪费，随着科技发展，变频器已广泛应用于各行各业，其价格便宜，技术成熟，特别是对风机、水泵的节能改造目前已在工业领域中广泛推广，其平均节电30%以上。

1. 中央空调节能的最佳方法

中央空调主要设备是风机、水泵，节能的最佳方法就是采用变频器。目前大多数中央空调还采用旧控制方式，即改变压缩机机组、水泵、风机启停台数，以达到调节温度的目的。

传统调节方式的缺点集中表现为如下几点：

第一，设备长时间全开或全闭，轮流运行，浪费电能惊人。

第二，电动机直接工频启动，冲击电流大，严重影响设备使用寿命。

第三，温控效果不佳。当环境或冷热负荷发生变化时，只能增减冷热水泵数量或使用挡风板来调节室内温度，温度波动大，舒适感差。

中央空调采用变频器后有如下优点：

第一，变频器可软启动电动机，大大减小冲击电流，降低电动机轴承磨损，延长轴承寿命。

第二，调节水泵、风机流量、压力可通过直接更改变频器运行频率来完成。

第三，系统耗电量大大减少，噪声减小。

第四，若采用温度闭环控制方式，系统可检测环境温度，自动调节风量，随天气、热负荷变化自动调节，温度变化小，调节迅速。

第五，系统可将现场总线与中央控制室联网，实现集中远程监控。

第六，变频器启动、停止过程是渐强、渐弱式，能消除电动机启动对电网的冲击，并可避免电动机因过载而引起故障。

采用变频技术，能大幅度延长电动机及水泵、风机寿命，同时因没有启动、停止冲击，加上流量减少，管路承压及所受冲击力减小，故对管道、阀门、末端设备也起到了保护作用。同时，设备噪声、振动均减小，保护了环境。

2. 变频器在中央空调系统中的具体应用

（1）冷却水泵变频控制。中央空调冷却水泵功率是按空调冷冻机组压缩机满负荷工作设计的，当环境温度及各种外界因素发生变化，不需要全部开启冷水机组时，空调冷凝系统所需要的冷却水量也相应减小，这时就可以用变频调速器来调节冷却水泵转速，降低冷却水循环速度及流量，与冷水机组的热负荷相匹配，达到节能目的。

（2）冷、温水泵变频控制。中央空调冷冻水泵功率是按空调满负荷工作设计的，当宾馆、酒店、大厦需要冷量或热量没有达到空调满负荷，这时就可以用变频器的调速器来调节冷冻水泵转速，降低冷媒水循环速度，使冷量和热量得到充分利用，达到节能目的。制冷、采暖共用一台水泵，则冬季水泵流量只需50%，自然可大大节省电力；若是冬夏分泵运行，也可在低负荷季节适当降低流量，如90%流量时，电耗约为满负荷时的75%。

冷、温水泵变频控制基本原理是：PLC控制器通过温度模块及温度传感器将冷冻机的回水温度和出水温度读入控制器内存，并计算出温差值；然后根据冷冻机的回水与出水的温差值来控制变频器的频率，以控制电动机转速，调节出水的流量，控制热交换的速度；温差大，说明室内温度高系统负荷大，应提高冷冻泵的转速，加快冷冻水的循环速度和流量，加快热交换的速度；反之温差小，则说明室内温度低，系统负荷小，可降低冷冻泵的转速，减缓冷冻水的循环速度和流量，减缓热交换的速度以节约电能。

（3）冷却塔风机控制。变频控制的冷却塔风机功率一般都较小，节电不明显，但风机采取变频控制有助于冷却水恒温。对溴冷机组和离心式冷水机组来说，冷却水温度稳定极为关键。变频控制还能使机组溶液循环稳定，最大限度地节省燃料。冷却塔风扇低转速运行还能大幅度减少漂水，节约用水，延缓水质劣化，减少水雾对周围的影响。

以前的冷却塔是人为根据冷却水温度选择冷却塔开启的台数，非常容易造成能源的浪费现象。现在PLC控制的冷却塔根据冷却水的温度，由温度传感器传送信号至PLC，由PLC经计算后对冷却塔风机依次开启，以28℃为基数，温度每上升2℃，开启两台散热风机，每下降2℃，延时5 min后停止2台风机，以达到节能效果。

（4）中央空调机组变频器控制方式

1）按冷却水出、入口温差改变水泵转速，调整流量。

2）按冷却水入口温度改变冷却塔风机转速，调整水温。

3）按冷温水出、入口温差改变水泵转速，调整流量。

4）按冷却水出水温度改变水泵转速，调整流量。

5）按冷媒水回水温度改变水泵转速，调节流量。

（5）中央空调末端设备——变风量机组变频控制。变风量机组也是中央空调系统的重要组成部分，其性能指标（风量、冷量、噪声、用电量）除取决于变风量机组本身性能外，更重要的还取决于控制模式、控制器的性能和品质。

中央空调不断普及，变风量机组调节控制器已经经历了三个发展阶段。

第一阶段：风阀调节。能起到调节风量作用，但电能消耗多、噪声大。

第二阶段：晶闸管调压调速。能起到调节风量、冷量、节能作用，对变风量机组噪声有一定改良作用，其缺点是体积大，可靠性、稳定性低，故障率高。

第三阶段：变频调节。能最大限度满足变风量机组对风量、冷量、噪声调节的要求，节能效果更明显，体积小，可靠性、稳定性高。

（6）压缩机的变频控制。目前在空调工程中也出现了不少变频控制的制冷压缩机，主要有变频螺杆压缩机、变频离心式压缩机等，实现了压缩机的制冷量的调节与空调系统热负荷变化同步进行，最大限度地发挥了压缩机的效率。

目前，变频控制器以其特有优势，正被中央空调业内人士所青睐。

三、变风量技术

1. 变风量空调系统（VAV）

变风量空调系统（VAV）是以节能为目的发展起来的一种空调系统形式，其实质是保持空调的送风温度，根据空调房间内实际负荷的变化来调节空调送风量，从而达到控制房间温度的目的。

2. 变风量空调系统的工作原理及控制

变风量空调系统的控制主要包括变风量空调机组、变风量新风机组及变风量末端的控制。下面将讨论上述设备的工作原理和控制方法。

（1）变频空调机组（AHU）的工作原理。变风量空调系统与其他空调系统的最大区别就是风量控制。控制方法分别为定静压控制法、变静压控制法、总风量控制法。

空调机组采用定静压控制法，使用变频驱动器控制风机的转速来控制送风量。控制器根据送风主管的静压自动调节送风机和回风机的转速，使主风管保持一定的静压。

（2）变风量末端箱（VAV-BOX）工作原理。末端装置是变风量系统中的关键设备（见图3—13），通过它来控制送风量，保持室温不变。一个变风量系统成功与否，很大程度上取决于末端装置性能的好与坏。

室内温度通过末端装置设在房间的温控器进行设定，温控器本身自带温度检测装置，将房间温度实时传送至控制器，当房间的空调负荷发生变化，温度偏离设定值时，控制器根据偏离程度通过系统计算，确定送入房间的风量。风量感应器的两端将风分别取

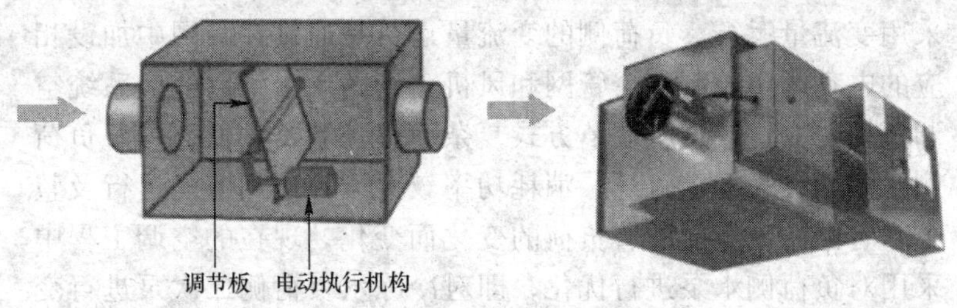

图 3—13　变风量末端装置

样送至压差变送器，压差变送器经运算得出实际送风量，如果实际送风量与系统计算的送风量有偏差，则控制器驱动执行器调整风阀开度以改变送风量，从而达到调节室温的目的，如图 3—14 所示。

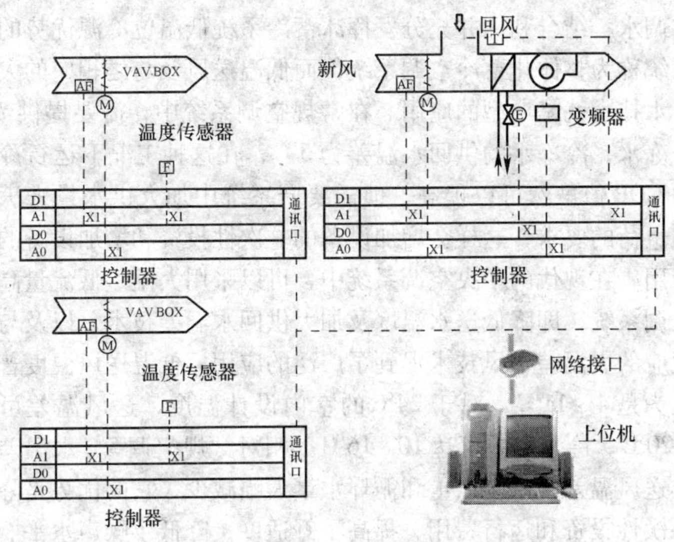

图 3—14　VAV 控制系统原理图

AF—流量传感器

四、冷冻水系统的优化

在常规空调中一般机器侧采用冷冻水定流量运行，负荷侧采用变流量运行。负荷侧的变流量运行是通过在管网中加设相应的电动阀门控制整个管网和风机盘管的供水量以适应系统空调负荷的变化，这种调节方式复杂而且控制精度低，同时负荷侧水泵始终为额定流量，消耗功率较大。为达到节能运行及整个水管网的流量能随着负荷的变化而变化，现在的空调工程中采用对负荷侧水泵进行优化，即对冷冻水负荷侧二次泵进行变频控制，更好地解决了空调水系统的节能和房间的控制精度问题。

五、低流量大温差供水送风系统

通过合理的设计，冰蓄冷空调系统的融冰温度可在 2℃左右或更低，即使通过板式换热器进行换热，仍然可以换出 3℃左右的空调水。结合利用并充分发挥冰蓄冷系统低温位冷源优势的空调系统称为整体化蓄冷空调系统，而低温送风及与之相应的大温差冷水技术就是典型的应用。在常规空调系统中，需要提供 7℃的冷冻水，冷冻水的供回水温差为 5℃，在这种工况下运行冷水机的 COP 值虽然可以提高，但需要向系统中加大供水量来满足空调负荷的要求，这样会增加设备的一次性投资和增加设备的运行费用。在现代的中央空调系统中，可以采用大温差低流量高效的空调系统，即降低送水温度及加大供回水温差技术，以及与之相适应的大温差送风技术得到了广泛的应用。低温送风温度普遍被认为是 4 ~ 11℃，对于 24℃的室内设计温度，送风温差可达 13 ~ 20℃，冷水温差可达 10 ~ 16℃。相对常规空调 5℃水温差和 10℃送风温差，系统风量和循环水量大幅减少，它的优势是降低了一次性投资和运行费用，提高了舒适度，降低了噪声水平。

六、地源热泵空调系统

地源热泵工作原理如图 3—15 所示。地源热泵是水源热泵的一种形式，它是利用水与地能（地下水、土壤或地表水）进行冷热交换来作为水源热泵的冷热源，冬季把地能中的热量“取”出来，供给室内采暖，此时地能为“热源”；夏季把室内热量取出来，释放到地下水、土壤或地表水中，此时地能为“冷源”。图 3—15 所示为夏季运行过程，通过地源热泵机组的冷凝器中循环水将热量释放到地下。

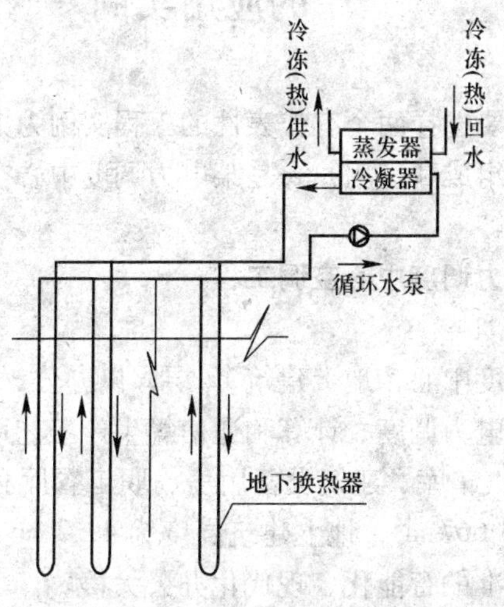

图 3—15　地源热泵空调系统

工程中较多采用立埋的埋管方式，以水作为冷热量载体，水在埋于土壤中的换热管道内与热泵机组间循环流动，实现机组与大地土壤之间的热量交换。

冬季循环水通过埋在土壤中的高密度聚乙烯管环路，从土壤中吸收热量，使循环水温度升高，供给地源热泵机组，同时由热泵机组提供热水，通过地板辐射给室内供暖；夏季循环水通过地埋管将热量排放到土壤中，使循环水温度降低供给地源热泵机组。再由热泵机组提供冷冻水，通过风机盘管给室内供冷。

地源热泵系统能充分利用蕴藏于土壤和湖泊中的巨大能量，循环再生，实现对建筑物的供暖和制冷，因而运行费用较低。

模块三　中央空调系统在工程中的应用实例

本模块主要选择两个有代表性的工程实例为大家讲述中央空调系统的基本组成和应用：一是某电力调度中心空调工程；二是某科技馆工程。

一、某电力调度中心空调工程

1. 建筑概况

该电力调度中心，地上建筑 12 层，以办公、会议用房为主，部分区域设置电力调度、计算和通信等生产工艺用房；地下建筑 3 层，主要为汽车库、建筑设备用房、职工餐厅和活动用房。总建筑面积为 73 667 m^2，地上建筑高度为 49. 2 m。整体的建筑设计定位为高标准的智能化、现代化办公大楼。

2. 空调设计原则

根据建筑物的形体及功能特点要求，空调系统的设计原则为：内外分区，全年运行；品质优良，环境舒适；工艺空调，安全可靠；个别调节，智能监控；降低成本，环保节能等。

3. 空调系统概况

该工程空调系统的设计全面基于整体化蓄冰空调系统的设计理念，集成应用了冰蓄冷、变风量、低温送风等多项空调新技术。该工程空调面积约为 58 000 m^2，空调冷负荷为 7 718 kW，热负荷为 6 290 kW。空调冷源采用蓄冰系统，空调热源来自城市热网。空调形式主要为全空气变风量的低温送风系统，局部区域设置风机盘管。大楼设有纳入 BAS 系统之内的完整的空调自控系统。

4. 空调设计参数及负荷

（1）室内设计参数见表 3—1。

表 3—1　　室内设计参数表

序号	房间名称	温度(℃)/相对湿度(%)		人员	照明	设备	新风量
		夏季	冬季	P/m^2	W/m^2	W/m^2	$m^3/(h\cdot P)$
1	办公室	24/45	20/40	0.12	40	15	35
2	商业用房	25/55	18/40	0.4	50	10	20
3	展览厅	24/45	18/40	0.5	60	—	20
4	报告厅	24/55	20/40	0.9	40	15	20
5	会议室	24/45	20/40	0.4	40	15	25
6	餐厅	24/55	20/40	0.4	50	15	30
7	门厅	25/55	18/35	0.3	40	—	20
8	工艺设备	24/45	22/40	0.08	40	70	35
9	计算机房	24/45	22/40	0.08	40	70	35
10	调度大厅	24/45	22/40	0.04	40	15	40

(2) 热负荷（对房间热负荷的计算结果不作具体说明）。低温送风系统的空调负荷与常规系统相比在负荷组成比例上稍有差异，但最终结果却相差无几。主要表现在由于低温送风系统可以消除更多的湿负荷，也意味着新风的潜热负荷比常规系统大。

1）低温送风系统的风量与水量大幅减少，故系统的风机与水泵温升负荷将有所降低。

2）同样是由于循环风量和水量的减少，空气和水在被输送过程中的管道温升负荷也将减少。总而言之，空调负荷并不因采用低温送风系统而有所增加。

5. 空调冷热源及水系统

(1) 冰蓄冷系统。冰蓄冷系统采用分量蓄冰方式，主机与蓄冰装置串联，制冷机组位于蓄冰设备的上游，即在乙二醇溶液循环回路中，回水溶液先经过制冷机组冷却后，再经蓄冰设备释冷冷却至空调负荷要求的供冷温度，这种形式下主机的效率较高。设计工况的供冷运行策略为主机优先，部分负荷时可按融冰优先甚至全量蓄冰模式运行。

蓄冰装置采用8台钢盘管蓄冰槽，蓄冰量为6 800 RTH，占设计日空调负荷总量的26%。主机采用3台双工况螺杆式冷冻机和1台常规型螺杆冷冻机，制冷工质均为R22。每台双工况主机额定工况（7/12℃）制冷量为417 RT，实际空调工况（5.0/10.1℃）时为394 RT，制冰工况（-2/-5.6℃）时为217 TR，载冷剂采用容积百分比浓度为25%的乙二醇溶液；常规型主机用做基载主机，制冷量为420 RT。制冷机总装机容量比常规系统减少24%。乙二醇系统一次泵定流量运行，与制冷主机一一对应；二次泵变流量运行，为变频调速控制。

冰蓄冷系统可以按照以下工作模式运行：

1）基载主机单供冷。

2）单制冰。

3）单融冰供冷。

4）双工况主机单供冷。

5）双工况主机与融冰的联合供冷。

6）制冰及供冷。其中，第一种模式可与其他5种模式的任意一种联合运行。

（2）空调冷热水。冰蓄冷系统融冰出水温度为2.2℃，经板式换热器换热得到3.3℃的冷冻水，直接供给空调机组使用，回水温度为14.4℃，温差为11.1℃，循环水量比常规系统减少55%。大楼内少量风机盘管采用7.8℃的冷冻水，由3.3℃冷冻水与回水混合后得到，回水仍为14.4℃，温差为6.6℃。

空调热水是通过与110/70℃高温水的城市热网换热得到，供回水温度为82/70℃，温差为12℃，冬季时供给空调箱、变风量末端的再热盘管和风机盘管使用。

空调水系统为四管制，空调冷热水泵均采用变频调速的变流量控制。

系统主要设备配置见表3—2。

表 3—2　　　　　　　主要设备配置表

序号	设备名称	服务功能	规格	单位	数量	备注
1	双工况主机		$Q=417$ RT，$N=277$ kW	台	3	—
2	基载主机		$Q=420$ RT，$N=277$ kW	台	1	—
3	乙二醇水泵		$G=245\ m^3/h$，$H=27$ m	台	4	3 用 1 备
4	乙二醇水泵	双工况主机	$G=412\ m^3/h$，$H=17$ m	台	2	—
5	冷冻水泵	融冰泵	$G=321\ m^3/h$，$H=29$ m	台	3	2 用 1 备
6	冷冻水泵	AHU 水系统	$G=212\ m^3/h$，$H=12$ m	台	1	—
7	冷冻水泵	基载主机	$G=35\ m^3/h$，$H=16$ m	台	2	1 用 1 备
8	冷冻水泵	FCU 水系统	$G=112\ m^3/h$，$H=19$ m	台	1	—
9	蓄冰槽	低负荷泵	蓄冰量 850 RTH	台	8	—
10	板式换热器		$Q=3\ 251$ kW	台	2	—
11	冷却水泵		$G=350\ m^3/h$，$H=26.5$ m	台	5	4 用 1 备
12	冷却塔		$G=160\ m^3/h$	台	8	—

6. 空调系统

与水—空气系统相比，全空气空调系统可以带来更为优良的空气品质。为利于房间单独的温度控制及空调节能，本工程部分区域均采用单风道变风量系统，低温送风方式，一次风温为 7.2℃，空调风量可比 14℃送风的常规系统减少 40%。

（1）系统设置。空调系统共采用 27 台空调箱（包括新风机组），除新风系统外，大都采用双风机方式。地下餐厅、活动用房和地上空调内区的报告厅、展览厅等利用回风机排风；地上的办公室、会议室、工艺用房等通过建筑中庭集中排风，系统回风机仅用于回风。过渡季节时空调系统均可利用新风供冷。

空调送风通过变风量末端送入室内。变风量末端为压力无关型，并按空调内外区进行布置。外区采用并联或串联式的风机动力型末端，均带热水再热盘管；内区采用单风道型或串联风机动力型，不带热水盘管。空调一次风常年供冷，解决内区办公室、展览厅、报告厅及大量设备发热的工艺用房的常年冷负荷，而外区冬季热负荷则由变风量末端上的热水再热盘管负担。

（2）空调箱。空调箱的选择计算是低温送风空调系统设计中极为重要的环节。主要包括以下方面：

1）送风温度。送风温度越低，越利于减少系统风量，但也会增加冷却盘管的费用和阻力，还会增加管道体的厚度，所以应通过技术经济比较来确定。与之密切相关的因素如下：

①供水温度。无疑供水温度越低，越容易获得较低的出风温度。

②风机相对于盘管的位置。由于存在风机温升，风机位于盘管进风侧时（吹出式）比在出风侧时（吸入式）可获得更低的出风温度，但需增加空气均流装置。民用建筑的机房空间相对狭小，一般吸入式较为适宜。

③迎面风速。一般为1.5~2.3 m/s，太大则空气与盘管的换热不充分，风阻大，也容易带水；太小则空调机组的尺寸和造价要增加。

④盘管的结构性能。排数越多，片距越小，出风温度就越低，也易实现大温差的供回水，但也要增大风阻。

2）过滤等级。由于空调送风量减少，意味着室内换气次数减少，所以应该提高空气过滤等级，也有利于保护较密翅片的盘管。本工程采用粗、中效两级过滤，过滤效率分别为比色法的30%和85%，对应的过滤器为G4级和F7级。

3）空调箱的结构和保温。漏风是产生结露的最大隐患，同时也影响空气的清洁度，所以宜采用较低漏风率的框架式结构，并对缝隙处进行密封。空调箱壁板以采用发泡聚氨酯保温的双壁面整体壁板为宜。从测试结果来看，空调箱在1 000 Pa静压下漏风率可小于1%；在箱体内空气温度为4℃，环境温湿度为32℃、80%的情况下，保温层厚度为25 mm的壁板即可防止结露发生。但按保冷的要求，保温层厚度宜采用38 mm。

（3）变风量末端。变风量末端在夏季是通过调节风阀控制一次风量，冬季调节热水盘管水阀控制加热量来控制室内温度的。加热时一次风均为满足室内通风要求的最小风量。单风道型末端仅送一次风；并联风机型末端供冷时也仅送一次风，冬季用再热盘管时才运行风机；串联风机型末端风机始终运行，由于混合了室内回风，所以送风温度比一次风高，一般控制在13℃左右，接近于常规空调的送风温度。

从气流分布的性能来看，串联风机型末端因送风量恒定，无疑为最佳选择，与形式多样的常规风口结合使用，也易于满足风格各异的建筑空间装饰要求，但因风机常开且风机效率低，其能耗足以抵消由于系统风量减少而在空调箱风机上节省的能量；从节能角度来讲，单风道型末端因本身无需风机而最具优势，且投资最省，噪声也低。并联风机型末端的性能介于两者之间。本工程中，优先选用的是单风道型和并联风机型末端，前提是采用低温型送风口。

（4）低温风口。采用低温风口能把低温一次空气直接送入室内而仍可获得良好的空调效果，实现了末端设备及管道上降低能耗和投资的目的。对低温风口的性能要求不应只局限在具有比常温风口更广泛的温度适用范围，还应具有更广泛的风量适应范围、很好的空气分布特性和空气混合特性，以适应变风量系统的要求。本工程采用的是具有热力核芯的高诱导型低温风口。低温一次空气以较高的速度经过核芯周边的小孔，产生对周围环境空气强烈的诱导和卷吸，使送风气流在离开风口时，已具备等同于甚至高于常规送风的气流温度，同时风量也急剧增加。该风口的特点如下：

1）送风诱导比比常规风口大100%~300%。

2）风量适用范围大。

3）扩散性能好使得温度梯度小。

4）风口本身不易结露。

5）送热风效果也十分令人满意。不足之处在于阻力偏大，种类较少，价格较高。

（5）管道风速、材质、保温及漏风控制。变风量系统主风管内的风速可以提高，本工程采用 12 m/s，而管道噪声则连同变风量末端产生的噪声均在末端下游的风管上消除。结合低温送风方式而减少的风量，空调主风管截面积比一般 8 m/s 风速的常规系统小 60％。空调主风管采用保温型双层无机玻璃钢成品风管（地下使用）和镀锌钢板风管（地上使用）是为了满足主风管所应具备的刚度和强度；末端下游的支风管采用质轻、安装制作及更改简便的玻璃纤维风管，又具有良好消声性能。

上述风管均为工厂化加工，为管道低漏风的实现提供了可靠的保障。实际测试证明，在 750 Pa 静压下的漏风量均小于 0.9 m^3/（h · m^2）。管道保温除要比常规空调管道的保温稍厚外，更要注意杜绝冷桥现象的发生。常采用的是 40 mm 厚、密度为 48 kg/m^3带铝箔的离心玻璃棉板。

（6）成组运行。变风量空调系统大都采用了 2 台或 3 台空调箱并联连接并成组控制运行的方式。在各层仅有局部负荷时，每组空调箱可仅开 1 台，既满足使用要求，又有利于节能，增强了系统使用的灵活性。成组设置的空调箱型号规格应相同。

7. 空调自控

具备完善控制功能的自控系统是整体化蓄冰空调系统必不可少的组成部分。本工程采用了分布式计算机监控与管理的集散型系统，空调末端设备采用 DDC 控制，冷热源设备采用 PLC 控制，中央控制站对系统运行进行集中监控、控制和管理。

（1）冰蓄冷及空调水系统

1）优化控制及负荷预测。制冰模式的控制比较简单，一般根据时间预设及剩余冰量来操作，如果剩余冰量大于第二天负荷的全部需求量也可不制冷。

供冷的模式较多，选择原则应是在满足使用要求前提下的运行费用最少。显然，优选次序是用融冰（单融冰方式），次加基载主机（融冰＋基载），再加双工况主机（联合供冷＋基载）。双工况主机单供冷及制冰供冷模式作为非常规情况的应急措施，一般不会用到。联合供冷时，是采用融冰优先还是主机优先，融冰和主机负荷在不同电价时段上如何分配，以及随着用户负荷变化而进行的各种模式转换、设备运行状态和参数的调整等，就要以一套完善的优化控制程序为基础了。

实现系统优化控制的前提是系统的负荷预测能力。目前的做法是先利用运行日的室外气温和焓值条件对设计日负荷曲线进行修正，运行后的实际负荷曲线作为一日室外气候条件下负荷预测的基础，利用软件的再学习和记忆功能，经过一年的不断积累，建立起一套比较符合实际情况的各种气候条件下本工程专有的数据库。

2）主要控制对象

①冷冻水系统的供水温度、工作压力和供回水压差。

②乙二醇系统的供液温度和工作压力。

③蓄冰装置的充冰量和融冰量。

④制冷机的出水温度、增载卸载及台数控制。

⑤一次水泵的台数控制和二次水泵的变流量控制。

⑥负荷侧（空调箱等）对供冷量的控制，板式换热器的防冻保护，低负荷泵、备用水泵及变频器的自动切换，其他必要的参数检测等。

（2）空调系统

1）运行模式。空调系统大致按 3 种模式运行，均按时间预设和程序预设进行控制。

①无人占用。房间无人时，室温设置低限和高限（如夏季 29～32℃，冬季 13～16℃）。供冷时空调箱无新风运行；供热时空调箱不运行，仅利用室内末端再热盘管。

②预冷预热。在人员进入房间前一段时间，系统应按该模式运行。此时，除室温按正常温度设定的控制外，设备运行同无人占用状态。

③正常运行。房间正常使用时，室温按正常温度设定进行控制，所有设备均按程序控制正常运行。

2）主要控制对象

①室内温度。

②空调箱送风温度。

③送风管道静压。

④回风机与送风机同步运行和风量匹配。

⑤新风量的设定及保证。

⑥冬季加湿量。

⑦初始运行及成组控制。

⑧空调箱的过滤器报警、防冻保护、加湿水槽定时排水、相应部件的连锁控制、必要的参数检测等。

（3）BAS。本工程是高标准的智能化建筑，设置有楼宇建筑设备自动化管理系统（BAS），空调自控系统为BAS系统的主要组成部分。通过BAS系统的数据通信，不仅可以对冷热源及空调系统各种参数进行监测和设定，对各种通风空调设备进行启停、监视和故障报警，还可以通过与其他系统（如照明系统、门禁系统等）的通信，确定人员占用情况、确定系统工作模式、预测空调负荷等，大大提高了大楼整体的管理水平。

整体化蓄冰空调的设计理念进一步拓展了冰蓄冷系统在空调领域的应用价值，对建筑行业蓄冰空调的发展可以起到很大的推动作用。整体化蓄冰空调系统可以显著地减少系统投资和运行费用，可以使空调系统更充分及合理地利用能源，大幅度减少能源的消耗，因而可以带来巨大的经济效益和社会效益，具有很大的推广价值。

二、某科技馆工程

1. 工程概况

该科技馆是由政府投资兴建的重大社会文化项目，是集科教、娱乐、旅游、休闲为一体的青少年科普教育基地。

工程项目总用地面积为 68 728 m^2，地上 4 层，地下 1 层。总建筑面积近 1×10^5 m^2。

其空调工程建立在全新的设计理念的基础上，“以人为本、技术先进、实用节省、美观简朴、环保节能”作为该科技馆的设计原则，将系统设计成舒适、环保和能源有效利用为中心的系统。冷热源采用冰蓄冷，水系统为二次泵变频大温差系统，风系统为低温送风系统，球幕影院、置换通风、恒温系统、个性化消防、防排烟通风设计等应用国内外先进的空调技术和多种节能措施，设计中某些项目还有创新，并通过该市科技成果鉴定。

2. 工程设计特点

空调设计采用了冰蓄冷空调技术。冰蓄冷系统对该市电网可起到移峰填谷、合理用电的积极作用，具有重大社会意义。系统白天移峰的电负荷可达每天 7 956 kW。与常规空调系统相比每年减少日常运行费用 50 万元，同时节省了 2 000 万元的 35 kV 降压站建站投资，具有极大的经济效益。特别是双集管（双环路）的系统方式在国际上属首创。

设计中还采用了低温供水、低温送风的新技术。加大冷水供回水和空调送回风温差，常规空调系统送水温差为 5℃，冰蓄冷空调系统送水温差为 19℃，减少输送动力 50%。常规空调系统送风温差为 6～8℃，冰蓄冷空调系统送风温差为 14℃，减低了室内空气的相对湿度，提高了室内空气品质，减小了管道、风机、水泵等动力设备的规格、初期投资和电耗等，同时大大提高了风机、水泵的输送效率。

采用高效节能设备辅以空气全热回收装置，充分有效地回收能量，合理的气流组织使室内环境更舒适宜人。高大空间的分层空调、置换空调在节能的同时确保空调效果，共享空间可根据天气情况通过可开启的气动排烟窗进行自然通风。展厅在过渡季节通过空调系统大量采集室外新鲜空气送入室内，进一步提高室内的空气品质，降低能耗。

消防防排烟系统的设计中，借鉴国外先进的防排烟理论并运用到实际工程中，应用烟雾控制理论进行计算、分析，取得了预期的效果。系统安全实用，技术先进，经济合理，有所创新发展，弥补了我国消防防排烟方面的不足。

采用高效设备、变频调速技术、能量回收技术、大温差送水（风）技术、合理的送风方式、有效的水力平衡等多种节能措施，在楼宇管理系统的管理控制下，设备的运行达到高效、节能。

3. 设计及空调冷热负荷

室外计算参数参见地区气象参数，室内设计参数见表3—3。

表3—3　　室内设计参数表

房间名称	夏季		冬季		新风 [m³/(h·p)]	噪声 [dB(A)]
	温度（℃）	相对湿度（%）	温度（℃）	相对湿度（%）		
展厅	25	<65	16~18	>35	>20	<55
办公区	25	<65	20	>35	30	<50
多功能厅	24	<65	22	>35	50	<50
会议室	25	<65	20	>35	25	<50
餐厅	26	<65	20	>35	>20	<55
大厅	26	<65	20	>35	10	<55
影院	26	<65	20	>35	>20	<35
恒温库房	20±1	55±5	20±1	55±5	10	55

空调冷热负荷：采用华电源软件计算。夏季空调逐时冷负荷综合最值：11 630 kW，指标 118.7 W/m²。冬季空调热负荷：5 158 kW，指标 52.7 W/m²。

4. 空调冷热源设计

（1）系统的组成和主要设备配置。冰蓄冷系统主要由制冷机组（其工况参数见表 3—4）、钢盘管蓄冰槽、乙二醇溶液泵、CG/CS 板式换热器、冷冻水一级循环泵、冷却塔、冷却水循环泵、定压装置、膨胀水箱等设备和乙二醇管路、冷冻水管路、冷却水管路、自控装置等组成。

表 3—4　　制冷机组工况参数表

机组工况	标准工况	夜间制冰	单独空调供冷
冷却供水温度（℃/℉）	32/89.6	30/86	32/89.6
冷却回水温度（℃/℉）	37/98.6	33.5/92.3	37/98.6
冷凝温度（℃/℉）	39.5/103.1	36.75/98.15	39.5/103.1
排气温度（℃/℉）	40.61/105.1	37.86/100.15	40.61/105.1
载冷剂供液温度（℃/℉）	7/44.6	-5.56/22	33.3/38
载冷剂回液温度（℃/℉）	12/53.6	-2.78/27	7.72/45.9
蒸气温度（℃/℉）	5.33/41.6	-7.22/19	0.53/33
吸气温度（℃/℉）	4.22/39.6	-8.33/17	-0.56/31
产冷温度	15.6	10.1	13.7
制冷比 CCR = TR1/TR2	1	10.1/15.6 = 0.647	13.7/15.6 = 0.878

蓄冰装置采用美国 BAC 公司生产的 TSU－L426 M 型钢盘管 20 组，组装成 6 050 mm × 3 000 mm × 3 600 mm（长 × 宽 × 高）的蓄冰槽 10 台，槽体由厚镀锌钢板及隔热层、防潮层组成，总蓄冰量为 9 240RTH。系统正常运行时，盘管的压降约为 670 Pa。

（2）系统的主要技术特点和指标

1）采用主机为双工况螺杆式压缩机的间接制冷形式，冷媒为 R22，载冷剂为 25％浓度的乙二醇溶液。

2）采用钢盘管蓄冰槽部分冻结的静态制冰形式，盘管内融冰，盘管外蓄冰。

3）采用主机在上游，主机与蓄冰装置串联供冷，并可满足 6 种工种工作模式的管路系统。即制冰蓄冷、融冰放冷、主机和冰槽串联供冷、主机单独空调供冷、蓄冰的同时，主机空调供冷、关机待命等。

4）本工程冰蓄冷系统最显著的特点是通过增加一组集管和相应阀门，将二级溶液泵制改成单级溶液泵制。该溶液泵兼作蓄冰泵、融冰泵和空调负荷之用。

5）在蓄冰和空调两种工况时，流经主机蒸发器的溶液相应为两种流量，而蓄冰盘管内为定流量。

6）采用分量蓄冰策略，根据空调负荷的变化，优化控制供冷，使运行电费最省的自控系统。

7）系统的蓄冰率（总蓄冰量与空调日负荷之比）约为 32. 6％，小时最大融冰量为 1 019 RT（3 583 kW），融冰速率（小时最大融冰量与总蓄冰量之比）约为 11％，日融冰率（日融冰量与总蓄冰量之比）高达 99％以上。由于采用了优化控制的原则，白天峰值时段的移峰率（峰值时段融冰量与峰值时段空调负荷之比）为 37. 64％，而小时最大负荷时的移峰率（小时最大负荷时融冰量与小时最大空调负荷之比）为 32. 42％。

（3）系统特点分析。区别于常规空调冷源，冰蓄冷系统更复杂，也有更多变化。冰蓄冷系统采用双集管式、单级泵、内融冰、串联供冷方式，如图 3—16 所示。

系统采用增加上套供、回液集管的技术措施，在双集管间彼此用阀隔开，使低温的乙二醇溶液和常温的溶液在蓄冰和空调两种工况时各行其道，彻底解决了设备可能被冻的问题。双集管式系统变二级泵制为单级泵制，简化了系统，减少了设备数量，从

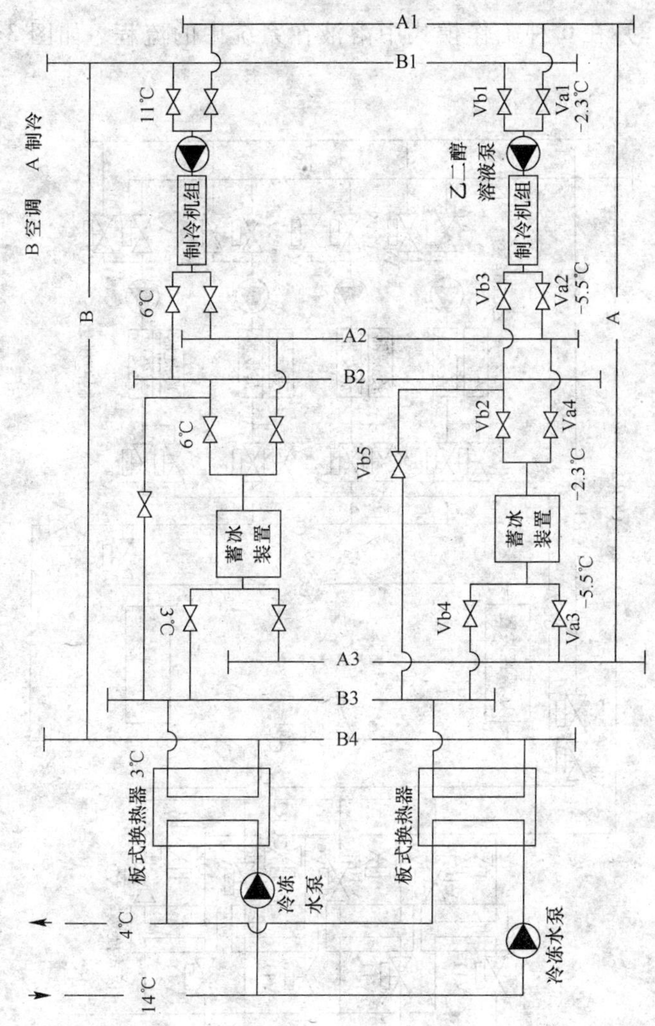

图 3—16　双集管、单级泵、内融冰、串联供冷原理图

而缩小了机房面积、节省了电耗和初期投资。

（4）系统的运行管理

1）夏季空调计算日负荷与蓄冰、融冰的容量分配。

2）在 6 种工作模式中溶液在系统中的流程，如图 3—17 所示。

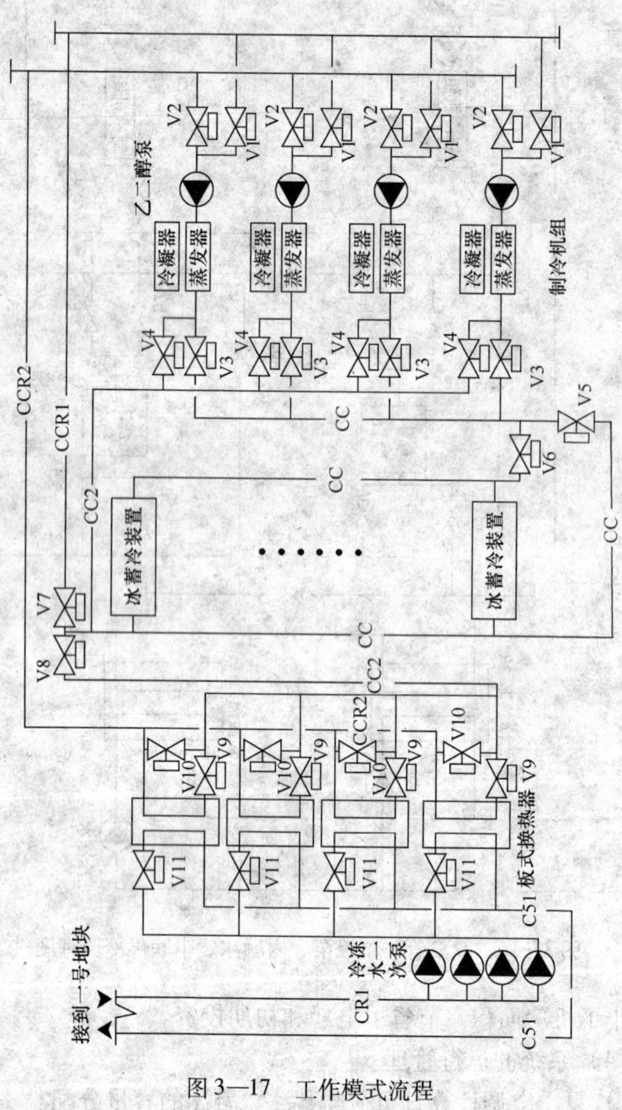

图 3—17 工作模式流程

3）在6种工作模式中设备、阀门的启闭程序，见表3—5。

表3—5　　6种工作模式中设备、阀门的启闭程序

运行模式	主机	溶液泵	冷冻水泵	V1	V2	V3	V4	V5	V6	V7	V8	V9	V10	V11
蓄冰	开3台	开4台	关	开	关	开	关	关	开	开	关	关	关	关
融冰供冷	关	开	开	关	开	开	关	互调		关	开	开	关	开
主机供冷	开	开	开	关	开	关	开	关	关	关	关	开	关	开
主机融冰串联供冷	开	开	开	关	开	开	关	互调		关	开	开	关	开

注：①夜间蓄冰，同时主机空调供冷时的启闭情况，其中空调供冷的主机开1台，相应的泵、板式换热器和阀也开1套。

②当空调负荷变化时，冷冻水泵作台数控制。当冷冻水泵关闭时，对应的板式换热器初级侧V9关、V10开（旁通），次级泵侧V11关，使乙二醇管路中流量稳定；反之，V9开、V10关、V11开。

（5）系统的自动控制。主要控制功能如下：

1）优化控制软件根据气象条件预测全天逐时空调负荷，并经校正，优化双工况主机与蓄冰装置间的负荷分配，设定全天各时段系统运行模式及开机台数。

2）自控装置按设定模式控制制冷机、溶液泵、冷却塔、冷却泵、蓄冰槽、板式换热器、冷冻水泵等，各类设备的顺序启停及相关阀门的开、关调节，并检测运行状态及过载保护、故障诊断、报警等。

3）自控装置应能自动检测并显示、分析、处理、记录、存储、打印以下参数及相关图表、曲线：载冷剂在制冷机、蓄冰槽、板式换热器等设备的供回液温度、压力（压差）、流量、冷量等；冷冻供、回水温度，压力（压差）流量、冷量等；冷却供、回水温度、压力等；蓄冰槽内的液位即储冰量；峰、谷、平时段各类设备的电耗值；室外干、湿球温度等。

4）在蓄冰工况时，当达到设定的蓄冰量时，根据蓄冰槽水位，通过压差传感器，自动关机，停止制冰。

5）在融冰工况时，根据蓄冰槽出液温度，控制蓄冰槽进液管上电动调节阀和旁通阀的开度，恒定供液温度，控制冰融速率。

6）在主机和冰槽串联供冷时，根据空调负荷的变化，自动设定各时段主机供液温度，调整主机和冰槽各自承担空调负荷的比例，达到优化控制的目的。

因一级冷冻水泵为定流量，二级冷冻泵为变频调节、变流量系统，因此，根据冷冻供、回水温差和流量对一级冷冻水泵及对应板式换热器和相关电动阀作台数控制，使供冷量适应空调负荷的变化。

（6）空调热源。采用燃气热水锅炉 3 台，其中 2 台的额定热功率为 2 960 kW（255×10^4 kcal/h），1 台为 1 172 kW（101×10^4 kcal/h）。本体结构为全湿背、三回程、卧式、火管式。锅炉全自动燃烧。锅炉热水供水温度为 93. 1℃（200°F），回水温度为 71. 1℃（160°F），热效率为 90%。锅炉的燃料为天然气，热水系统为二级闭式循环的系统，一级为锅炉热水系统，二级为空调热水系统。锅炉的循环热水通过板式换热器或即热式盘管热水器与空调给水热水换热。

系统为三个闭式循环管路，即一号地块 50 ~ 60℃ 的热水循环管路，热带雨林 70 ~ 90℃ 的热水循环管路，二号地块 50 ~ 60℃ 热水循环。其中一号地块又为一个二级泵系统，其中一级泵设置在二号地块地下层机房内，二级泵采用变频泵，设在一号地块泵房内，与空调冷水系统共用。二号地块及热带雨林的空调热水均为单级泵系统。

5. 空调系统

（1）空调水系统（二次水系统）。空调水系统采用机械循环双管制系统，冷水、热水供回水温度分别为 4. 5 ~ 14. 5℃ 冷水和

50～60℃热水，由设置在二号地块冷冻机房的一次泵向一号地块提供，在一号地块地下室设置空调水系统二次泵房，将由二号地块提供的冷冻水、热水经二次泵加压后通过管路供给各空调末端设备使用，空调水系统根据使用功能共分6路。每路设置2台空调循环泵，采用变频调速技术，各空调末端设备水管道上设置动态平衡二通调节阀，室内空调负荷变化时，调整空调末端设备的水流量，并自动保持水管道的水力平衡，由于流量的改变使水管内压力变化，空调二次泵则根据管道压力、流量的变化调整二次泵的流量。配合负荷的变化，运行更加理想，节能明显。另设置一路65～90℃热水系统，供C区生物万象展区空调系统使用。

（2）空调送回风系统。科技馆空调区域使用要求各异，系统划分复杂，空调设计中应充分考虑其功能、使用时间、工程实际情况等因素，使空调系统达到使用灵活、管理方便、费用节省的目的。在空调设计中注意以下问题：

1）根据建筑物的特点，采用区域集中多机组空调系统，这样便于调节使用。

2）鉴于展厅等房间空间高大无窗密封，为满足消防排烟的要求，可将空调系统在消防排烟时转换为消防补风系统使用。

3）在适当区域设置空气全热回收装置，以回收室内空调排风的能量，充分利用能源。

4）选择合理的气流组织，既满足建筑装饰又满足空调要求。

5）在过渡季节通过空调系统采集室外新风送入室内，保持室内空气品质，并合理使用能源。

6）置换通风。

科技馆展厅等采用带风机混合箱串联式空调送回风系统。共设置46个低温空调系统，风量为10 000～30 000 m^3/h；20个二次回风空调系统，风量为6 000～48 000 m^3/h；4个新风空调系统，风量为4 000～6 000 m^3/h；9个一次回风空调系统，风量为

2 500～6 000 m^3/h；3 个恒温恒湿空调系统，空气全热回收装置 6 套，回收风量约 120 000 m^3/h，回收效率大于 70%。

（3）气流组织。考虑展厅的通用性，风口布置高度为 6 m，采用可调型圆形散流器上送风、侧上回风（回风口高度在 4 m）的空调气流组织。

共享空间由于建筑布置各层为跌落式平台，每层平台高度为 10 m，共享空间高度为 40 m。此区域空调气流组织采取分区空调方式，在各层上设置空调送风喷口，侧送风、下回风的空调气流组织、喷口喷射距离为 10～25 m，覆盖下部空调区域，位于空调上部区域则采取排风形式将室内的余热排出，有楼层部分空调区域采取可调型圆形散流器顶送风。空调负荷计算和空调气流组织计算按分区空调进行计算。同时在近一层周边玻璃幕墙地面处设置置换通风，解决幕墙空调负荷问题，确保空调区域的空调效果。

第四单元 楼宇中央空调系统的自动化控制

模块一 自动调节系统的基础知识

一、自动调节系统的组成及分类

所谓自动控制，是指在无人直接参与的情况下，利用控制装置，使被控对象（如机器、设备或生产过程）的被控参数（物理量或状态参数）等于给定值。

制冷空调自动化就是制冷空调系统中，利用自动调节规律，设置相应的自动化仪表、执行机构、调节阀等自动调节元件，组成自动调节系统。对被调的机器和设备或空间实行自动调节和自动控制。

为了达到自动控制的目的，必须把具有不同功能的环节，组成为自动控制系统的有机整体。自动控制系统一般是由传感器、调节器、执行器和被控对象所组成的闭环（或开环）控制系统。

在自动控制系统中，被控制参数是被调对象的输出信号，如房间温度。除给定值变化外，凡引起被控参数发生变化的外因均称为干扰因素。如室外空气热量、货物热量、设备热量、人员的热量等对房间都是干扰因素。干扰因素通过通道影响被控参数，而调节作用通过调节通道影响被控参数。自动调节系统框架图如图 4—1 所示。

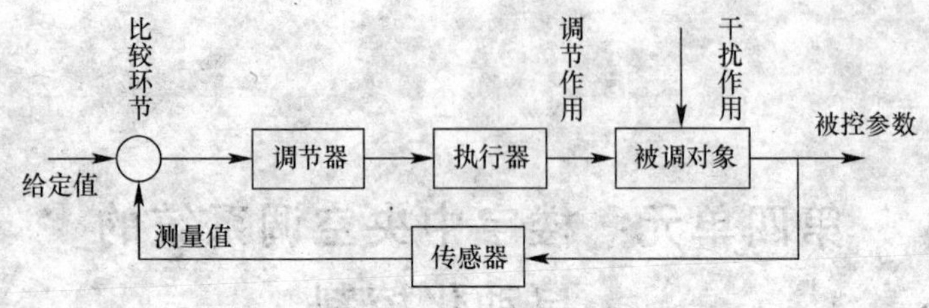

图 4—1　自动调节系统框架图

从图 4—1 可以看出，控制信号走的是一个闭合回路，因此这种控制系统称为闭环系统。它通过传感器这个环节又引回到系统的输入端，与给定值比较，这种技术称为反馈。负反馈控制有自动修正被控参数偏离给定值的能力，控制精度高，适用面广，是基本的控制系统。

自动控制系统按调节器作用的能源种类，分为气动和电动控制系统；按调节器的控制规律，分为二位、三位、比例（P）、比例积分（PI）、比例微分（PD）、比例积分微分（PID）等控制系统。

二、自动调节设备的特性

在自动控制系统中，习惯上把除调节对象以外的部分称为控制装置，它包括传感器、调节器和执行器。

1. 调节器

在自控系统中，调节器将被控参数与给定值进行比较，得出偏差，然后把偏差加工运算，按一定控制规律，控制制冷、空调过程，使被控参数等于给定值。调节器决定了控制系统的控制规律，并在很大程度上决定了控制系统的性能，因此调节器是自控系统的核心。

（1）比例调节器（P）。当调节参数与给定值产生偏差时，调节器按偏差的大小和方向，发出与偏差成比例的信号。不同的偏差消除后，调节机构便回到原位置。调节机构的动作仅仅与偏差大小有关，而与调节参数的变化速度和偏差存在的时间没有关系。比例带是比例调节器的主要特性，它是使调节机构从全开到全关所需要产生调节数变化的百分数。调节的比例带一般都是可调的。比例带的宽窄（大小）表示调节机构动作的快慢。比例带越窄，对调节参数的变化反应越灵敏，调节器的动作越灵敏，静差也越小。这种输出信号与输入信号成比例的调节器称为比例调节器，简称 P 调节器。如系统中使用的浮球液位调节器。

（2）积分调节器（I）。调节机构调节参数的偏差越大，调节机构的移动速度就越快。调节机构的动作是积累的，偏差存在的时间越长，调节机构的移动量就越大。只要有偏差的存在，调节器就会移动，一直到偏差消除。这种调节方式不但与偏差值的大小有关，而且还与偏差存在的时间有关，称为积分调节器。积分时间是积分调节的主要特性，是积分调节设备以不变的最初的恢复速度，使调节参数最初产生的最大的偏差，重新恢复到给定值所需要的时间。积分时间越少，积分越大，即可在短时间内使调节过程趋于稳定，尽快消除偏差。积分调节器的调节规律是输出的变化率与输入成正比。

（3）微分调节器（D）。调节机构只受偏差变化的影响，当偏差值不变化（即调节参数稳定在某值时），不论偏差值的大小和存在时间的长短，调节机构都不动作。它是根据偏差的变化速度进行调节，是属于超前和加强的调节作用。另外，微分调节器不能单独使用，而常和比例或比例积分调节器组合使用，在调节器中纳入微分调节器的优点。这就是在自动控制系统中常用的 PID 调节器，如图 4—2 所示。

图 4—2　PID 调节器

2. 执行器

执行器是自动调节系统中的动力部件，它的作用是将调节器送来的控制信号变成调节量，克服干扰造成的影响。

执行器有直接作用式和间接作用式之分。传感器、调节器、调节机关组成的一个整体的执行器称为直接作用式执行器。常用于调节质量要求不高的制冷系统中，如热力膨胀阀、蒸发压力调节阀、直接作用式的蒸气加热阀等。

将传感器、调节器、执行器三者分别做成三个或两个部件的执行器，称为间接作用式执行器。该调节器和执行器需从外部输入辅助能量，帮执行器发出较大的力或功率。其灵敏度高，输出功率也大，便于集中调节。按外部能量的不同，间接作用式执行器又可分为气动调节阀、电动调节阀和液动调节阀，前两者在制冷空调系统中常用。

模块二　中央空调系统常用自动化仪表和元件

一、温度检测与调节仪表

温度是制冷空调系统中最重要的参数之一，准确地检测与调节温度是制冷空调系统生产过程中一个必不可少的重要环节，根据测量元件的作用不同，温度检测与调节仪表可分为电接点水银温度计、压力式温度计、电子式温度计和热电偶温度计等。

1. 电接点水银温度计（见图4—3）

这种温度计增加了调节机构，可发出温度双位信号。该温度计允许的最大工作电压为36 V，工作电流为20 mA，一般要与继电器配合使用。多用于冷藏库的温度控制和空调室温的控制或露点温度控制。

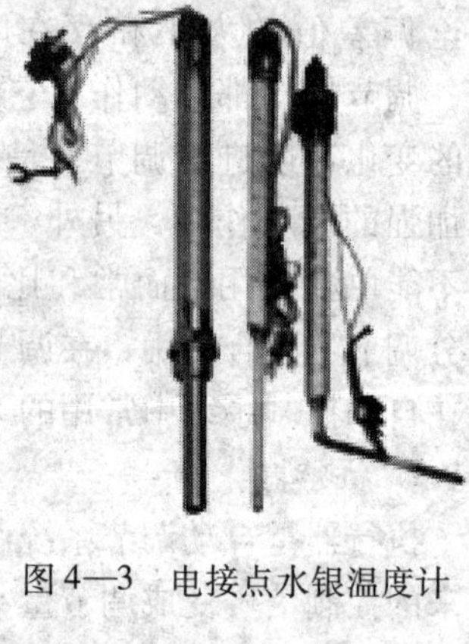

图4—3　电接点水银温度计

2. 压力式温度计与温度控制器（见图4—4）

压力式温度计是利用压力使其内部的弹簧管发生变形（偏转）带动指针来显示温度的。同时当温度升高到所控温度的上限时，发出上限位信号；当温度下降到下限时，可发出下限位信号。

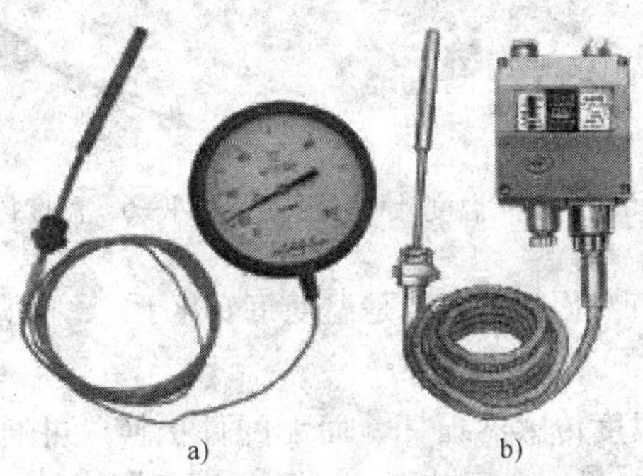

a)　　b)

图4—4　压力式温度计与温度控制器

a）压力式温度计　b）温度控制器

温度控制器是受温度控制的电开关，常用于温度保护或温度的双位控制。

3. 电子式温度计（见图4—5）

电子式温度计由感温元件、测量桥路和显示调节仪表组成，其精度高并能远距离显示和调节。制冷系统中常用热敏电阻作为感温元件，一般选用负温度系数的热敏电阻，即随着温度增加其阻值减小。常用的是由金属氧化物组成的，如锰、钴、铁、镍、铜、铂等。

温度传感器（见图4—6）是用来采集现场的温度信号的，有的需要经过变送器转化成标准的4~20 mA的电流信号传送给控制器，有的则可以直接将传感器获取的温度模拟信号传送给控制器。

（1）温度传感器可用万用表欧姆挡单独测量其阻值。0℃时为1 000 Ω，100℃时为1 385. 55 Ω，室温情况下（即25℃时）为1 097. 35 Ω。

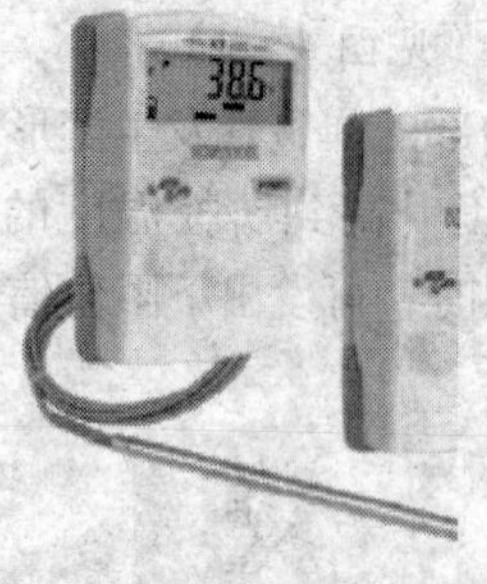

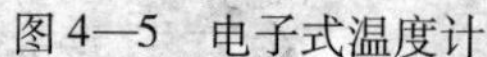

图 4—5　电子式温度计

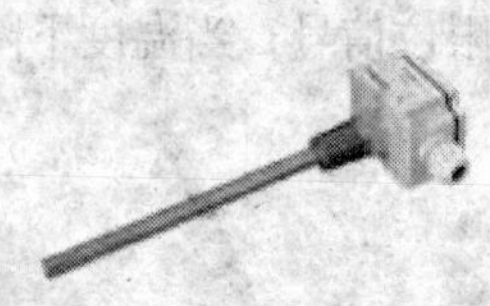

图 4—6　温度传感器

（2）阻值变化基本规律是温度每变化 1℃，阻值变化3. 85 Ω左右。

（3）若温度传感器损坏，而无配件更换，可通过系统参数设置中的 PT 项设置，屏蔽温度检测，以保证运转，但需定时监测温度并记录。

4. 热电偶温度计

热电偶的工作原理是两种不同成分的导体（称为热电偶丝材或热电极）两端接合成回路，当接合点的温度不同时，在回路中就会产生电动势，这种现象称为热电效应，而这种电动势称为热电势。热电偶就是利用这种原理进行温度测量的。其中，直接用做测量介质温度的一端称为工作端（也称为测量端），另一端称为冷端（也称为补偿端）。冷端与显示仪器或配套仪表连接，显示仪表会指出热电偶所产生的热电势。热电偶实际上是一种能量转换器，它将热能转换为电能，用所产生的热电势测量温度。

二、压力检测与调节仪表

1. 弹簧管压力表（见图 4—7）

所测压力直接作用于其内部的弹簧管使其变形（偏转）并带动指针显示压力。

压力表所测容器的真实压力等于表压力加上大气压，在计算查表分析时要注意使用真实压力。

2. 压力控制器（见图4—8）

压力控制器又称压力继电器，是一种受压力信号控制的电路开关。主要用于制冷系统的压力调节及危险压力保护。根据控制的压力不同，可分为高压控制器、低压控制器和高低压控制器。其中，高压控制器带手动复位按钮，当高压控制器动作后，其触点不能自动复位，待故障排除后，需手动复位，才能重新启动机器。

图4—7　弹簧管压力表

图4—8　高、低压力控制器

3. 压差控制器（见图4—9）

主要用来保护泵的进出口之间一定的压力差值，防止出现泵的气蚀现象。在制冷空调工程中常用压差控制器来控制压缩机的油压差、氨泵供液压差和空调冷水机组的供回水压差，保证流量。

4. 压力变送器（见图4—10）

压力变送器是把气体或液体的压力转换为可使用的电信号的器件。压力变送器按接线方式可分为二线制、三线制和四线制。四线制的压力变送器有两根电源线和两根信号线。电源接24 V直流电，简单的检测方法是用一只电流表或电压表接在信号线两端。

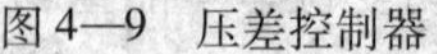

图 4—9　压差控制器

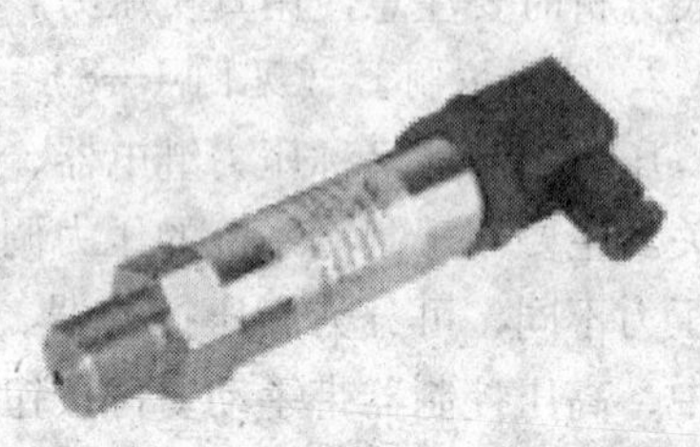

图 4—10　压力变送器

（1）万用表是无法单独测量压力变送器是否损坏的，可将万用表选择在毫安挡，串入变送器回路，测量其是否有 4 ~ 20 mA的电流，然后判断。

（2）不同采集点的变送器量程不同，不同量程不可互换吸气压力变送器，通常为 -1 ~ 12 bar①，其余压力变送器为 -1 ~ 20 bar。

（3）压力变送器损坏后较难修复，应立即更换。计算机无法屏蔽压力监测，若无法修复或更换已损变送器，机组将无法运行。因此需做好备件准备。

压力变送器的输出电流（4 ~ 20 mA）与压力呈线性关系，见表 4—1。

表 4—1　　压力变送器的输出电流与压力的关系

变送器量程	-1 ~ 12 bar 量程型	-1 ~ 24 bar 量程型
每 bar 输出电流	1.23 mA	0.64 mA

例如，-1 ~ 12 bar 量程变送器，计算机显示表压 2 bar，则输出电流应为

$$4 + 1.23 \times 3 = 7.69\ \text{mA}$$

---

① 1 bar = 0.1 MPa

式中 4——电流由 4 mA 起始；

1.23——1 bar 输出电流；

3——3 个单位的压力。从 -1 开始算，-1~0 bar 为一个单位，0~1 bar 为一个单位，1~2 bar 为一个单位，共 3 个。

三、液位检测与调节仪表

1. 液位计

其主要形式有玻璃管直读式和压差式远距离液位计。图 4—11 所示为磁翻板液位计。

2. 液位控制器

液位控制器用于容器中液位的控制与调节，主要有浮球式、靶式流量控制器等。图 4—12 所示为浮球液位控制器。

图 4—11 磁翻板液位计

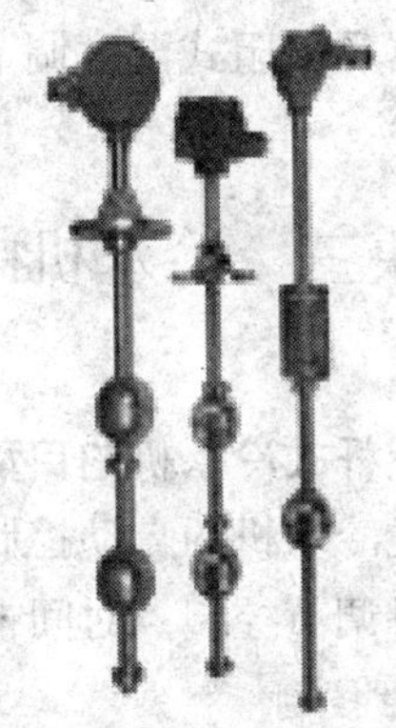

图 4—12 浮球液位控制器

四、湿度检测与调节仪表

1. 湿度检测仪表

常用的湿度检测仪表有干湿球温度计、毛发湿度计，还有电阻式和电容式湿度传感器与温湿度变送器等，如图 4—13 和图 4—14 所示。

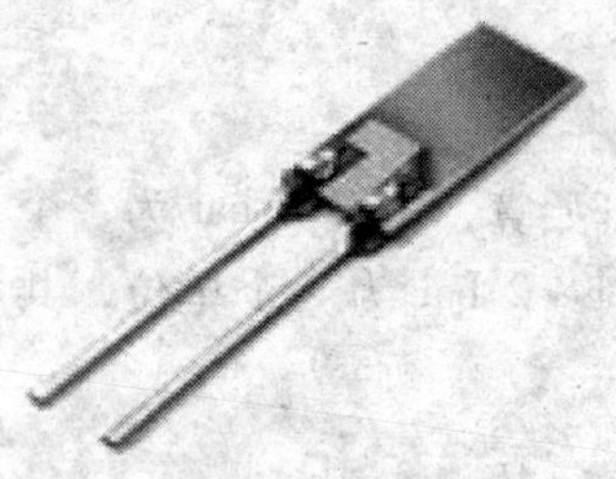

图 4—13 电容式湿度传感器

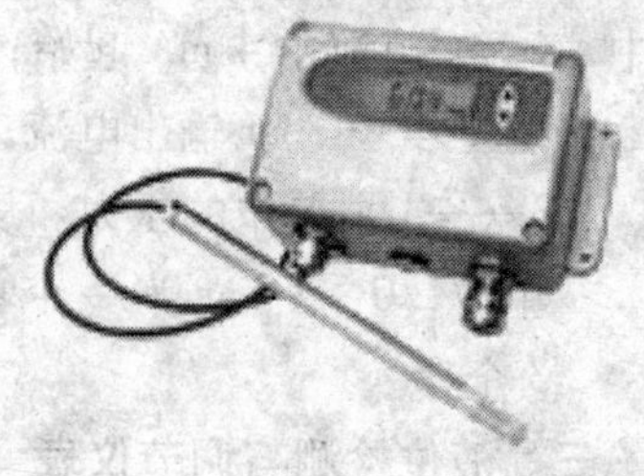

图 4—14 温湿度变送器

2. 湿度调节器

在空调湿度调节过程中，一类是调节室内空气的相对湿度不大于某一给定值，即采用双位式调节器；另一类是调节室内空气相对湿度在某一给定值范围内，即采用比例式调节器，通常双位式应用较多。所采用的调节器主要有干湿球湿度调节器、毛发式湿度调节器和电阻式湿度调节器。

模块三 冷水机的自动控制和安全保护

一、螺杆式冷水机的自动控制和安全保护

螺杆式冷水机的自动控制主要包括压缩机的压力控制、温度控制、能量调节控制、时间控制等。

1. 压力控制

（1）螺杆机在运行过程中需要对压缩机的排气压力进行控制，排气压力过高，不但会增加能耗，还会影响压缩机的使用寿命及发生意外事故。一般要求螺杆压缩机的排气压力不能高于 15.7 bar，压缩机的吸气压力也不能低于某一设定值（由具体运行工况决定），避免吸气压力过低，造成蒸发温度过低或压缩机被抽成真空。

在自动控制机组中，计算机将吸气压力的当前值与设定值进

行比较实现自动控制压缩机的运行能级。压力控制幅差为0.01～0.3 bar，可调。

举例：吸气压力设定点为2 bar，控制幅差为0.1 bar，则有以下内容。

控制死区：设定点加（减）控制幅差，本例中为1.9～2.1 bar，机组保持能级，不增不减。

标准增/减载区：设定点加（减）0.2 bar，本例中为1.7～2.3 bar，机组根据设定参数按标准增/减载。

快速增/减载区：超出标准增/减载区范围，本例中为当前值小于1.7 bar或大于2.3 bar，计算机自动计算并加快增/减载速度，原有设定参数无效。

（2）螺杆机中对压缩机供油压力的控制分为两部分：一是油泵的供油压力差保护；二是精油过滤器的压力差保护。两者的作用都是防止压缩机断油，在机组中加设油压差控制器。其设定值为：油泵供油压差是0.15～0.3 MPa；精油过滤器压差是0.05 MPa。

2. 温度控制

对螺杆机的温度控制主要是油温的控制和冷水的供回水温度控制。油温的控制主要是通过压力式温度控制器直接控制机组电气回路，油温的设定值为65℃，超过此值时会自动停机。

在冷水的出水管路上加设冷水出水温度低保护温度控制器，常规冷水机中出水温度低温设定值为4℃，以此来保护冷水机防止冻结。

3. 冷水机组的自动能量控制

在全自动控制的冷水机组中，根据冷水的出水温度自动控制压缩机的增减载。控制点是载冷剂出水温度，但吸气压力同时起到辅助控制作用。计算机将出水温度、吸气压力的当前值与设定值进行比较实现自动控制。温度控制幅差为0.2℃，不可调。

举例：载冷剂出水温度设定点为10℃，且吸气压力实际值始终大于设定值，即吸气压力不参与控制，则有以下内容。

控制死区：设定点加（减）控制幅差，本例中为9.8～10.2℃，机组保持能级，不增不减。

标准增/减载区：设定点加（减）2.8℃，本例中为7～13℃，机组根据设定参数按标准增/减载。

快速增/减载区：超出标准增/减载区范围，本例中为当前值小于7℃或大于13℃，计算机自动计算并加快增/减载速度，原有设定参数无效。

若吸气压力参与控制，则会出现以下4种情况：

（1）当吸气压力和冷媒出水温度都高于设定值时，机组增载。

（2）当吸气压力高于设定值而冷媒出水温度低于设定值时，机组减载。

（3）当吸气压力低于设定值而冷媒出水温度高于设定值时，机组保持不动。

（4）当吸气压力和冷媒出水温度都低于设定值时，机组减载。

控制原则为：水温低，必减载；水温高，未必会增载。

4. 时间控制

在螺杆机的控制系统中，加设了四块时间继电器，保证压缩机的运行过程的延时保护功能。分别是启动延时、断水延时、油泵延时停和油泵预润滑延时，如图4—15所示。

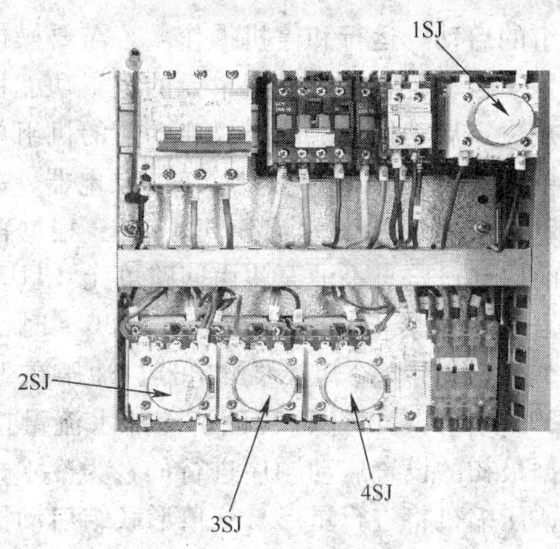

图 4—15　时间继电器的应用

时间继电器的代号及含义见表 4—2。

表 4—2　　时间继电器的代号及含义

代号	含义	整定值
1SJ	启动时间	10～15 s
2SJ	断水延时	60 s
3SJ	油泵延时停	30 s
4SJ	油泵预润滑延时	30 s

二、离心式冷水机的自动控制和安全保护

1. 冷冻水、冷却水连锁控制

通过连接于接线端的水流量开关的闭合和冷冻水泵接触器辅助接点的闭合来验证冷冻水流经蒸发器。冷却水的流量开关与冷却水泵接触器的辅助接点的闭合来验证冷却水流经冷凝器。

2. 星形—三角形联结启动器控制

离心机的自动控制系统中，各个不同控制单元内的逻辑回路将决定机组的启动、运行和停机操作。若需要操作机组同时机组单元被置于自动位置，则机组单元的逻辑功能将根据不同的启动设定来决定启动机组。离心机启动前的机组单元验证内容有：机组单元（1U1－J12）激励冷冻水泵电器，并且机组单元（1U1－J26）将验证冷冻水流建立3 min；根据再启动禁止时间和不同的启动设定点，油泵将由回路单元（1U2－J22）控制启动，而当再启动禁止时间继电器还剩30 s时，机组单元（1U2－J14）将操作闭合冷却水泵继电器，油压在30 s内保持9 psid（0.632 $kgf/cm^2$①）并且验证了冷却水流量持续3 min，这些都是根据最初的设置启动顺序进行的，为冷水机的启动做准备。然后，压缩机将进行星形—三角形联结启动器的启动程序，压缩机的电动机将以星形联结的形式启动，且启动接触器上的辅助接点被锁闭。当压缩机的电动机开始加速，并且电动机的最大的相电流降至低于机组铭牌上相电流的85%，启动器就转换成三角形联结。在转换接触器与短接继电器作用后，运行接触器被激励闭合，这就使压缩机电动机处于三角形联结，计算机将确认完成继电器的闭合和转换继电器的失电分开，电动机的启动程序才完成。压缩机电动机以三角形联结运行，进口导叶在步进器电动机的操作下调节机组的负荷变化以满足冷冻水的设定。

3. 导叶执行器的控制

1U3步进器单元向导叶执行器电动机绕组输出直流电压脉冲以控制进口导叶片的位置。每一次机组控制箱送电后，进口导叶就会被驱动于完全关闭的位置，即步进器电动机导叶执行器的零位置。

4. 油泵断路器

油泵断路器的控制电源由控制电源变压器供出并经过分支断路器的熔丝而获得，熔丝保护油泵电流不会工作于超电流的状

---

① 1 kgf/cm^2 = 98066.5 Pa

态。作为启动程序的一部分，油泵继电器可被自动操作闭合，也可以通过改变维修试验目录内的油泵状态至“开”的位置来人为地操作油泵。

5. 机组启动/停机时的冷冻水进水温差

机组的温差启动与温差停机设定点由1~10 ℉（0.5~5.55℃）都是可调的，要参照实际的冷冻水温设定点进行设定。当冷冻水的出水温度达到温差停机的设定温度时，机组将自动停机。

6. 冷冻水出水温度限位停机

为了防止因冷冻水出水温度过低而产生结冰，控制器提供一个以冷冻水出水温度为依据的低冷冻水回水温度忽然停机设定点。若水温度限位停机设定点超出30 ℉后1 s，机组就会关闭。

7. 低冷媒温度限位停机

这是为了防止蒸发器冷媒温度过低而引起蒸发器水结冰的一种保护功能。当低温冷媒限位停机设定点超过30 ℉ 1 s后，机组就会立即停机并显示一个必须人手复位的诊断。

三、溴化锂吸收式冷水机的自动控制和自动调节

1. 三洋溴冷机电气控制部分概述

三洋溴化锂制冷机的电气部分由计算机、变频器、传感器、继电器及流量开关、屏蔽泵及调节阀等组成。系统以微型计算机为中心，分为软件和硬件两部分，软件专门针对系统开发，硬件电路分为模拟量输入输出和数字量输入输出两部分。

（1）模拟量输入部分。温度、压力、液位、转速、成分及其他能转换成模拟电信号的量。包括：DT1~DT7 共七个温度传感器输入端；1 个热电偶温度传感器接口输入端；蒸气调节阀（或油量调节阀）开度检测反馈输入端。

（2）模拟量输出部分。控制执行装置、显示、记录等，控制变频器频率的信号（INV），蒸气控制阀输出（CVP）。

（3）数字量输入部分。蒸气阀手动状态控制信号；冷水流量下限检测信号；各种连锁信号（如冷水泵连锁）；各个泵（包

括附属设备）的启停检测信号；储气室压力报警信号、高温发生器压力及液位检测信号。

（4）数字量输出信号。各个泵（包括附属设备）的启停控制信号，各种表示用（指示灯）接点信号，蒸气调节阀控制输出，点火信号。

2. 系统各部分控制功能概述

（1）温度传感器。机组中分别对冷温水入口温度、出口温度、冷却水入出口温度、低温发生器温度、冷凝温度进行检测用的温度传感器为铜测温电阻（正温度系数），适用于0~100℃。高温再生器温度检测用的热敏电阻是负温度系数的测温电阻，适用于0~200℃。蒸气排水温度检测用热电偶（K型），适用于-200~1 300℃，适用于氧化和中性气氛中测温，允许偏差±1.5℃。

（2）液面控制器。高温发生器液面检测控制器，通过3个液位探针（直燃机有4个液位探针）来检测液面水平，并输出控制信号，该控制信号通过信号线送入计算机。

（3）蒸气凝水（排烟）温度变换器。是热电偶与计算机间匹配用的接口装置，它能将热电偶检测的温度信号转换成电压信号（0~5 V），并送入计算机。

（4）蒸气控制阀。当计算机根据运行情况决定让调节阀开度为30%时，调节阀电动机得电正转，使阀门朝开启方向慢慢打开，与此同时，计算机通过调节阀内部的同步电位器检测阀门开度。当开度达到30%时断电，由传动机构将开度锁定，其他开度时原理相同。调节阀参数：AC24 V/12 W，电位器135 Ω左右，大型机为AC120 V/24 W。

（5）变频器。是将三相380 V/50 Hz交流电经过调压、整流，逆变为频率可调的三相交流电，以控制屏蔽泵电动机做无级变速。该变频器内由1个32位的计算机集中控制执行人工设定的各种运行参数（现执行50多个参数）。参数主要有频率调节范围、调节波段、启动、停止及速率等。

3. 基本控制过程

（1）高温发生器液位控制（以蒸气型为例）。当制冷机开机后，计算机将按程序控制，给变频器送上三相交流电，通知吸收液泵可以运行，但是否运行还要看高温发生器的液面高低。其液位的高低由液位继电器及3个探针检测。当液位位于正常限位时液位继电器输出AC100 V交流电使辅助继电器吸合。辅助继电器又通过其接点的闭合，通知变频器输出，吸收液泵运转。吸收液泵转速变频控制，计算机检测由高温发生器和冷却水入口温度传感器来的电信号，根据此信号输出0～5 V的电压信号，送入变频器。变频器根据控制电压信号输出不同的频率，不同的频率对应不同的转速，这种调速方式称为变频调速。

（2）热源输入量控制（以蒸气型为例）。计算机采集高温发生器的温度、浓度及液面等制冷机的状态参数及预先设定的控制冷水温度的PID参数等，计算机根据这些参数进行综合运算，控制蒸气阀开闭及开度大小（有手动控制和自动控制两种方式）。当高温发生器压力超过0 kgf/cm^2以上时，压力控制器将切断辅助继电器的电源，其常开接点将断开蒸气阀的正转开启电路，并强行接通蒸气阀的关闭电路，关闭电磁阀，对高温发生器进行保护。

（3）冷水出口温度控制。制冷机计算机根据冷却水入口、冷水入口等温度状态及预先设定的PID参数对冷水出口温度进行控制。其控制主要通过控制蒸气控制阀开度进行，以最大限度地减少冷水出口温度的波动及对制冷机的冲击。

模块四　中央空调系统的自动控制

一、定风量空调的自动控制

定风量空调系统的自动控制主要包括送风温度、湿度及对新风和回风量的调节等。对温度、湿度的控制主要是通过回风管道中的温度、湿度传感器检测相应的参数输送至控制箱中，并与控制器设定的温度及湿度作 PID 计算，根据计算的结果输出相应的电压信号，来控制电动阀的动作，加大或减小供水量和蒸气量，使送风温度及湿度保持在所需要的范围内。并能检测新风温度和室外温度，进行比例计算并逻辑判断，调节合适的新风阀与回风阀的开启度。图 4—16 所示是由 DDC 控制器（直接数字化控制）控制的组合式空调机组的控制原理图。

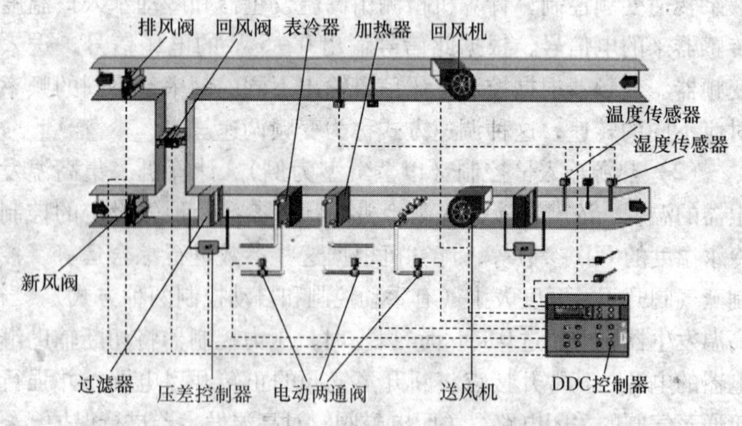

图 4—16　DDC 控制组合式空调机组原理图

二、变风量空调的自动控制

变风量空调的基本原理是通过改变送入房间的风量来满足室内变化的冷热负荷。该空调系统大部分时间是在部分负荷下运行。它与风机盘管等定风量系统相比，具有两方面的优点：一是风量的减少，降低了风机的能耗；二是变风量空调系统用变风箱作为末端，以风阀比例控制调节室内温度，室内温度调节精度高。近几年，随着计算机工业（特别是网络技术）的发展，使变风量空调设备智能化，而随着人们节能及环保意识的提高，该系统在我国也得到了越来越多的推广使用。

1. VAV 空调自控系统组成（见图 4—17）

VAV 空调自控系统由两部分组成，即空调机控制及 VAV 末端控制，同时两者又相互联系。

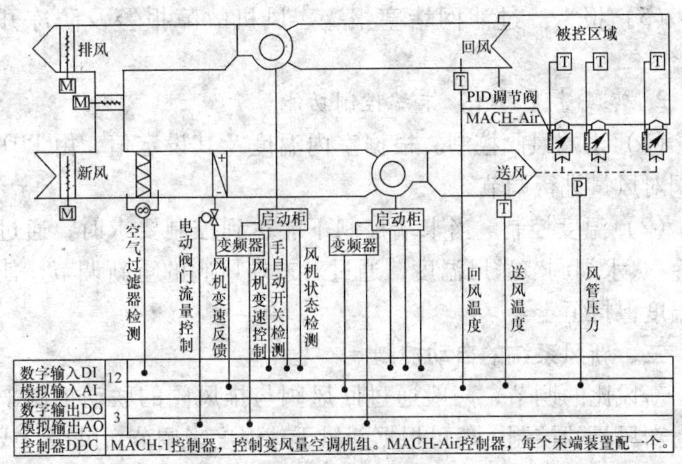

图 4—17　VAV 空调自控系统组成

空调机控制包括新/回风阀门驱动器、风管式温/湿度传感器、过滤网压差报警开关、防冻报警开关、送排风机、电动调节阀、配电装置和空调机组控制等硬件。该系统包括新风、回风和送风 3 部分。

（1）变频风机控制。可强制启/停或机旁手动启/停，运行时间和启/停次数累计，有风机故障报警输出变量，同时根据末端风量的要求调节风机的转速。

（2）温度控制。根据回风温度与设定值的偏差，控制电动水阀，调节冷/热水阀门的开度，使回风温度维持在设定的范围内，可进行冷/热水阀门的强制开度控制和机旁手动开度控制（0~100%）。

（3）新/回风阀门控制。在冬/夏季新风阀门开至最小开度，回风阀门开至最大开度；在过渡季调节新/回风阀门的开度来调节温度，亦可进行新/回风阀门的强制开度控制和机旁手动开度控制（0～100%）。

（4）连锁控制。防冻报警开关和风机、水阀、新/回风阀门连锁控制。

（5）报警。过滤网堵塞报警、风机故障报警及防冻开关报警。

2. 变风量（VAV）末端控制功能

（1）末端风阀控制。根据室内温度及其设定值，由 PID 调节阀对风量进行调节。

（2）温度控制。当末端控制不能达到控制要求时，通过调节冷/热水阀调节送风温度，通过对末端风阀的重新调节，使室内温度保持恒定。

三、新风系统的自动控制

新风比的调节，一般通过回风阀与排风阀的联动控制来实现，新风量的控制一般可根据新风干球温度来调节新风比，或采用按新风与回风焓值比较的变新风量控制方式。

新风系统的自动控制装置如图 4—18 所示。控制器根据送风温度传感器自动控制电动阀的开启度，在定流量水系统中一般采用电动三通阀。风机启动器与控制器连锁，当风机不转时，控制器停止工作，电动阀也自动恢复到关闭状态。如对送风湿度有一定的要求，可在送风管道上加设湿度传感器，来控制蒸气加湿器的进气电动阀的开启度。

四、风机盘管系统的自动控制

风机盘管空调器控制原理如图 4—19 所示，其控制过程如下所述。

（1）系统控制。温度控制器装在温度需要调节的房间内，它具有开、关两个通断位置，可以直接控制系统的开启与关闭。

（2）温度控制。温度控制器外壳上具有温度设定旋钮，调节温度。在温控器内有两对触点，夏季运行时，将温控器选择开关拨在 COOL 挡，对盘管内供冷水，当温度下降至设定值时，其

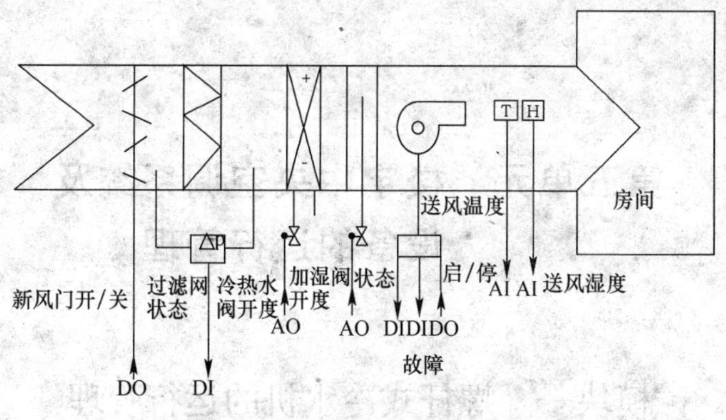

图 4—18　新风系统的自动控制装置

中一对触点断开，电动阀失电关闭。当房间温度高于设定值时，另一对触点闭合，电动阀得电开启。冬季运行时，将选择开关拨在 HEAT 挡，对盘管内供热水。控制过程与夏季相同。

（3）风机控制。当温控器处于“开”位置时，可以通过另外一组转换开关对风机进行高、中、低三挡调速。

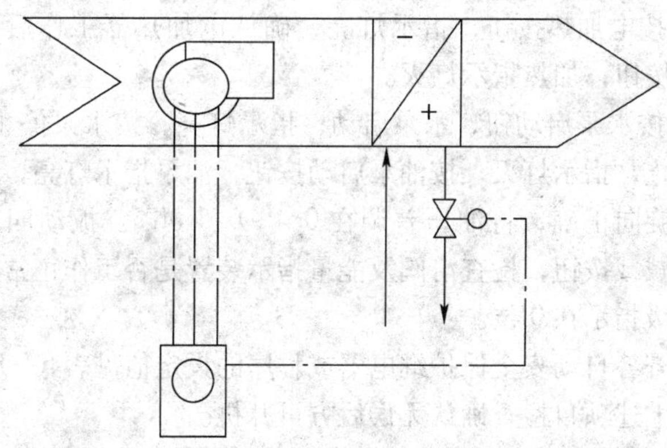

图 4—19　风机盘管空调器控制原理（温控器 + 电动阀）

第五单元　楼宇中央空调系统及设备的运行管理

模块一　螺杆式冷水机的运行管理

一、运行前的检查与准备工作

第一次开机前，联轴器必须重新找正。首先检查压缩机各部位及电气元件的工作情况。检查项目如下：

1. 合上电源开关，将选择开关选为手动位置。

2. 按报警按钮，警铃响；按消音钮，报警消除。

3. 按电加热按钮，指示灯亮，确认电加热器工作后，按加热停止按钮，加热指示灯灭。

4. 按水泵启动钮，水泵启动，指示灯亮，按水泵停止按钮，水泵停止，指示灯灭；按油泵启动按钮，油泵指示灯亮，油泵运转并且旋向正确，将油压差调在 0.4～0.6 MPa。扳动四通阀或按动增减载按钮，检查滑阀及能量指示装置是否工作正常，最后确认能级指示在 0 位。

检查各自动安全保护继电器或程序的设定值见表 5—1。

对上述项目检查确认无误后方可开机。

二、螺杆式制冷压缩机的开机与停机操作

1. 选择开关为手动开机

（1）打开压缩机排气截止阀。

（2）将压缩机卸载至 0 位，即 10%负荷位置。

表 5—1　　自动安全保护继电器或程序的设定值

	排气压力上限/MPa	吸气压力下限/MPa	油压与排气压力差/MPa	精滤器前后压差上限/MPa	冷水、冷却水断水压力/MPa	油温上限/℃	冷水出水温度下限/℃	排气温度上限/℃	冷却水温度上限/℃	启动油温下限/℃
手动开启螺杆压缩机	1.57	-0.03	0.1	0.1	0.15*	65	4	100	39	25
半封闭螺杆冷水机组	1.57	0.2	—	—	—	100	4	100	39	25

注：① 盐水、乙二醇机组蒸发器出水温度低温保护出厂时设定为 -15℃，出厂后由用户自己根据实际情况调整。

② 带“*”的为标准值，出厂后应按用户需要值重新调整。

（3）启动冷却水泵及载冷剂水泵，向冷凝器、油冷却器及蒸发器供水。

（4）启动油泵（油温需高于 30℃），油泵启动 5～10 s 后，油压与排气压力差达到 0.4～0.6 MPa。

（5）按下压缩机启动按钮，压缩机启动。

观察吸气压力表，逐步开启吸气截止阀并手动增载，调节压缩机能量在 50% 左右，油温达到 40℃ 以后，可增载至 100%。注意吸气压力不要过低。压缩机进入正常运转后，调整油压调节阀，使油压差为 0.15～0.3 MPa。

检查设备各部位的压力、温度，尤其是运动部件的温度是否正常。如有不正常情况，应停机检查。初次运转时间不宜过长，0.5 h 左右可以停机。停机顺序为卸载、停主机、关吸气截止阀、停油泵、停水泵，完成第一次开机过程。当按下主机停止按钮时，旁通电磁阀 B 自动打开，停机后 B 阀自动关闭。

2. 选择自动开机

对于自动控制机组。操作请参看螺杆压缩机控制器操作与设置手册，开机前需要人工完成的工作如下：

（1）检查油分离器中的油位是否合适。

（2）打开吸排气截止阀、手动旁通阀。

（3）打开油路系统上的所有阀门（与大气相通的除外）。

（4）向油冷却器供水（油温低时可不供）。

（5）在主机开始启动运转时应缓慢增载，调节压缩机能量在50%左右；当油温达到40℃后可增载至100%。

3. 正常停机

（1）将“增载/减载”旋钮旋至减载位置，关闭供液阀。

（2）待能量显示为0时，按下压缩机停止按钮，关闭吸气截止阀。

（3）压缩机停止运转后按下油泵停止按钮，水泵视使用要求确定停止还是处于开启状态。

（4）切断机组电源。

4. 自动停车

机组装有自动保护装置，当压力、温度超过规定范围时，控制器动作使压缩机立即停车，表明有故障发生，机组控制盘或电控柜上的控制灯亮，指示出发生故障的部位。必须排除故障后，才能再次启动压缩机。

5. 紧急停车

（1）按下紧急停车按钮，使压缩机停止运转。

（2）关闭吸气截止阀。

（3）关闭供液阀。

（4）切断电源。

三、运行中的注意事项

观察并记录吸气压力、吸气温度、排气压力、排气温度、喷油压力、喷油温度、蒸发器出水温度等数据。

（1）排气压力、排气温度

1）排气压力随冷却水温度、流量不同而不同。

2）在条件允许时，应尽量使制冷压缩机排气压力低一些，以便获得较大的制冷量而消耗较小的功率。如水温较高，则应适当地增大冷却水的流量。

3）排气温度过高时，易使冷冻油分解、结焦。

（2）吸气压力、温度，蒸发压力、温度

1）吸气压力一般略低于蒸发压力，它们都由节流阀的开度大小决定。机组运行时，吸气压力对应的饱和温度要低于出水温度2～5℃，当水温较高时可不受此值限制。

2）吸入温度是压缩机进气口处的温度，而蒸发温度是蒸发器内对应一定蒸发压力的液体制冷剂的饱和温度，进入压缩机的气态制冷剂温度（即吸入温度）必须高于蒸发温度，这个温度差就是吸气过热度。

3）一般在能满足工艺要求的情况下，不要使蒸发温度过低，因为蒸发温度过低时，机器产冷量下降；吸入温度不要过高，因为过高同样将减少机器制冷量，同时使排气温度有所升高。

（3）在机组运转中出现异常时，可按下控制台上的急停按钮紧急停机。该按钮可通过旋转解除自锁。

（4）如果由于某项安全保护动作自动停机，一定要在查明故障原因后方可开机，绝不能随意采用改变调定值的方法再次开车。

（5）当突然停电造成主机停机时，由于旁通电磁阀没能开启，在排气与吸气的压差作用下，压缩机可能出现倒转现象，如倒转非常严重，可能吸气止回阀不能复位。这时应迅速关闭吸气截止阀。

（6）如果在气温较低的季节开机，应首先打开油分离器上的电加热器将润滑油预热，并启动油泵，按开车方向盘动联轴器，使油在系统中循环，这个过程一定要在手动开机方式下进行。润滑油的使用温度应保持在25℃以上，然后才能开机。

(7) 正常油位——油分离器内的正常油位在上侧视油镜与下侧视油镜之间，每次开机前应确认油位正常。开机后油位可能下降，但低到一定程度时油压将不能保证。操作者应经常注意油位是否适合，必要时给予补油。

(8) 自动控制的机组根据冷冻水出口温度自动控制增减载，水温高于设定值时，机组增载，水温低于设定值时，机组减载。手动控制的机组可根据冷冻水出口温度和设定温度的差值，人工控制增减载。

(9) 如果在气温较低的季节长期停机，应将系统中的水全部放净，避免冻坏设备。机组长期停机，应每隔10天左右开启一次油泵，保证压缩机内各部位都有润滑油，每次油泵开动10 min即可；每2~3个月开动一次压缩机，每次1 h，保证运动部件不会粘在一起。

每次开机前，最好盘动压缩机几圈，检查压缩机有无卡阻情况，并使润滑油均匀分布于各部位。

(10) 调整热力膨胀阀，建议过热度为3~5℃。顺时针旋转调节杆将增加过热度，每圈为0.3~0.5℃。

模块二　离心式冷水机的运行管理

一、离心式制冷压缩机开机前的检查与准备工作

每日机组启动前的检查与准备工作如下：

1. 冷冻水泵、冷却水泵的启动器处于“运行”或“自动”状态。

2. 冷却水塔处于“运行”或“自动”状态。

3. 检查油箱油位。油位必须在低位视镜上可见或超过标

位线。

4. 检查油罐油温，启动前的油温为140～145 ℉（60～63℃）。

5. 检查冷冻水出水温度设定是否符合要求。

6. 检查电动机电流限制设定值是否符合要求。

7. 检查机组供电电源是否稳定、标准。

二、离心式制冷压缩机的开机与停机操作

1. 开机操作

（1）开启冷冻水进出水阀门，启动冷冻水泵，检查运行电压、电流是否正常。检查进出口压差是否正常。

（2）开启冷却水进出水阀门，启动冷却水泵，检查运行电压、电流是否正常。检查进出口压差是否正常。

（3）按下“自动”按钮，启动机组。机组自动进入计算机程序，完成自检及验证后会启动油泵对机器进行润滑，2 min后，机组转入自动运行方式。

（4）检查机组运行电压、电流；检查机组油位及前后轴承回油情况；检查油压、油温。

（5）检查蒸发器、冷凝器中制冷剂的压力，检查排气系统的运转情况。

（6）根据冷凝器进水温度，决定是否开启冷却塔。

2. 停机操作

（1）按下“停机”按钮。

（2）机组完全停止后，5～10 min后停止冷却水泵，关闭冷却水进出水阀门。

（3）关闭冷却塔风扇。

（4）10～30 min后，停止冷冻水泵，关闭冷冻水进出水阀门。

三、运行中的记录内容

离心机组在运行过程中需要记录的内容主要有：机组冷凝器、蒸发器的进出口水温与压力；冷凝器、蒸发器中制冷剂的饱

和温度与压力；机组油压差、温度、油箱压力、排油压力；排气运行时间；机组导叶开度、导叶位置；蒸发器、冷凝器的趋近温度；压缩机运行电压、电流值和线圈温度；冷冻水、冷却水泵的运行电压、电流值；冷却塔风扇运行电压、电流值。

四、离心式冷水机组的正常运行参数

特灵三级离心机（R123）见表5—2，开利和约克单级压缩式冷水机见表5—3和表5—4。

表5—2　　特灵三级离心机（R123）

运行参数	正常读数
冷凝器压力	0.01～0.08 MPa（2～12 psig）表压力
蒸发器压力	0.04～0.06 MPa（12～18 inHg）真空度
停机时油箱温度	140～145 ℉（60～63℃）
运行时油箱温度	115～150 ℉（47～66℃）
净油压	12～18 psig

表5—3　　开利单级压缩式冷水机（R22）

运行参数	正常读数
蒸发器压力	0.41～0.55 MPa（60～80 psig）表压力
冷凝器压力	0.69～1.45 Pa（100～210 psig）表压力
油温	43℃（110 ℉）以上
油压差	0.1～0.21 MPa（15～30 psig）

表5—4　　约克单级压缩式冷水机（R134a）

运行参数	正常读数
蒸发器压力	0.19～0.39 MPa（28～57 psig）表压力
冷凝器压力	0.65～1.10 MPa（94～160 psig）表压力
油温	27.7～76.1℃（71～169 ℉）
油压差	0.17～0.41 MPa（25～59 psig）

模块三　冷水机组的运行参数分析

空调用的冷水机组，不论是离心式还是螺杆式，为满足空调工况的要求，均应具有相同的运行参数。掌握这些参数的特点及其规律性，对于冷水机的安全、经济和无故障运行都有重要意义。

1. *蒸发压力与蒸发温度*

蒸发器内制冷剂具有的温度和压力，是制冷剂的饱和温度与饱和压力，可以通过设在蒸发器上的相应仪器或仪表测出。这两个参数中，测得其中一个可以通过相应的制冷剂热力性质表查到另外一个。

蒸发压力、蒸发温度与冷冻水带入蒸发器的热量有密切关系。空调冷负荷大时，蒸发器冷冻水的回水温度升高，引起蒸发温度升高，对应的蒸发压力也升高。相反，当空调冷负荷减少时，冷冻水回水温度降低，其蒸发温度和蒸发压力均降低。

根据 JB/T7666－1995《制冷和空调设备名义工况一般规定》的规定，冷水机组的名义工况为冷冻水出水温度 7℃，冷却水回水温度 32℃。其他相应的参数为冷冻水回水温度 12℃，冷却水出水温度 37℃。

为达到冷水机组工况要求，一般情况下，蒸发温度常控制在 3～5℃的范围内，较冷冻水出水温度低 2～4℃。过高的蒸发温度往往难以达到所要求的空调效果，而过低的蒸发温度，不但增加冷水机组的能量消耗，还容易造成蒸发器管道冻裂。

蒸发温度与冷冻水出水温度之差随蒸发器冷负荷的增减而分别增大或减小。在同样负荷情况下，温差增大则传热系数减小。此外，该温度差大小还与传热面积有关，而且管内的污垢情况、管外润滑油的积聚情况对其也有一定影响。为了减小温差、增强传热效果，要做到定期清除蒸发器水管内的污垢，积极采取措施将润滑油引回油箱。

2. 冷凝压力与冷凝温度

由于冷凝器内的制冷剂通常是处于饱和状态的，因此，其压力和温度也可以通过相应的制冷剂热力性质表互相查找。

水冷式机组的冷凝温度一般要高于冷却水出水温度2～4℃。冷凝温度的高低，对于冷水机的功耗有决定意义。冷凝温度升高，功耗增大。对离心式冷水机组来说冷凝压力升高还会引起喘振，在运行时，要注意冷却水进出口的温度差，以此判断冷凝器的换热效果。同时要保证冷却水的水温、水量、水质等指标。

3. 冷冻水的温度与压力

冷水机组的名义工况规定冷冻水供、回水温差为5℃（大温差冷水机组除外），这实质上也就限定了冷水机组的冷冻水流量，该流量可以通过控制冷冻水流经蒸发器的压力降来实现，一般要求冷冻水进出水压力降控制在0.05 MPa，其调节方法是调节冷冻水泵出口阀门的开度和蒸发器供、回水阀门的开度。阀门开度调节的原则：一是蒸发器有足够的压力来克服冷冻水循环管路中的阻力；二是保证蒸发器进出口温差为5℃。

为了保证冷水机组的安全运行，蒸发器的出水温度一般都不低于3℃。

4. 冷却水的温度与压力

冷却水的进出水温差也应保持在5℃，可以通过调节冷却水的流量来保证，这个流量通常是用进出冷凝器的冷却水压力降来实现。在名义工况下，冷凝器的进出水压力降一般为0.07 MPa左右。压力降的调节方法同样是采取调节冷却水泵与冷凝器的进出口阀门的开度的方法。应该注意的是：随意过量开大冷却水阀门，以增大冷却水量来降低冷凝温度的方法是不可取的，必然会增加水泵的功耗。对于离心式冷水机组来说，冷凝压力过低或过高都会引起喘振。

对冷却水进口温度，建议调节方法如下：

（1）由冷却水进口温度传感器控制冷却塔风机的启停或控制冷却塔风机的转速。

（2）由温度传感器控制三通阀，调节进入冷却塔的冷却水量与旁通至冷却塔出口水量，以使冷却水的进口温度保持在一定的范围内。

（3）冷却水进水管路与出水管路之间加设二通手动截止阀，使部分冷却水未经冷却塔蒸发冷却，直接进入冷却塔出口管，使冷却水进水温度保持在一定范围内。

5. 压缩机的吸气温度

压缩机的吸气温度指的是压缩机吸气口处的温度，吸气温度过高，会引起压缩机的排气温度升高，压缩机的制冷量减少。若吸气温度过低，可能会造成压缩机的吸气回液，而产生湿压缩的现象，对离心机来说，过低的吸气温度会引起压缩机的吸气压力过低，从而可能产生喘振。

因此，要求压缩机的吸气温度要比蒸发温度略高，即过热度。冷水机组中，由于运行温度比较高，产生回液的可能性较小，故吸气过热度可以小一点，离心机的过热度一般为 2～3℃。此外，蒸发器的制冷剂液位的高低也对过热度的大小有较大影响，液位过低，吸气过热度就会增加；液位过高，吸气过热度就会减小，因此在机组的运行过程中，必须监控压缩机的吸气温度。

6. 压缩机的排气温度

压缩机排出的制冷剂为过热气体，其温度要比冷凝温度高得多。排气温度的高低主要由压缩机的吸气温度决定，吸气温度高，排气温度就高。同时还跟压力比有关，在空调工况下，由于压力比不大，所以压缩机的排气温度不是很高。如系统中混入了空气，会使排气温度和吸气温度都升高，所以要注意排出机组中的空气。

7. 油压差、油温、油位

（1）油压差。机组在运行过程中，必须保证油压差在合理的范围内，以便使压缩机能得到充分的润滑、密封与冷却。不同的压缩机所需要的油压差也不同，运行中要根据压缩机的要求来调整其油压差。

（2）油温。润滑油的温度会对其黏度产生较大的影响。油温低，黏度大，增加油泵的功耗；油温太高，油的黏度下降，影响润滑效果。因此要确保油的温度。此外，油温过低还会造成油中溶解大量的制冷剂，使油产生泡沫，降低了油压。因此，在冷水机组的启动操作规程中通常规定，机组启动前必须对机组中的润滑油进行不少于 24 h 的加热，有的机组要求，在停机期间，始终保持油加热器的工作状态，保持油温在 76℃左右。

（3）油位。一般规定储油器的液面高度应在视油镜中心线上下 5 mm，目的是保证油量充足，油位过低会造成油泵失油，因此必须在油位过低时及时补充润滑油，同时要保证机组回油系统的正常工作。

8. 主电动机运行电流与电压

一般要求主电动机的额定供电电压为 400 V、三相、50 Hz 或 60 Hz，供电的平均相电压不稳定率小于 2%。实际运行过程中，主电动机的运行电流在冷水机组冷冻水和冷却水进出水温度不变的情况下，随能量调节中的制冷量大小而增加或减少，凡运行电流增大，主电动机负荷大，反之负荷小。电流值是一个随电动机负荷变化而变化的重要参数，运行时要注意与总配电室的电流表作比较，并注意其指针的摆动。

模块四　溴化锂吸收式冷水机的运行管理

一、溴冷机附属设备的启动与停止顺序

1. 手动

（1）启动顺序

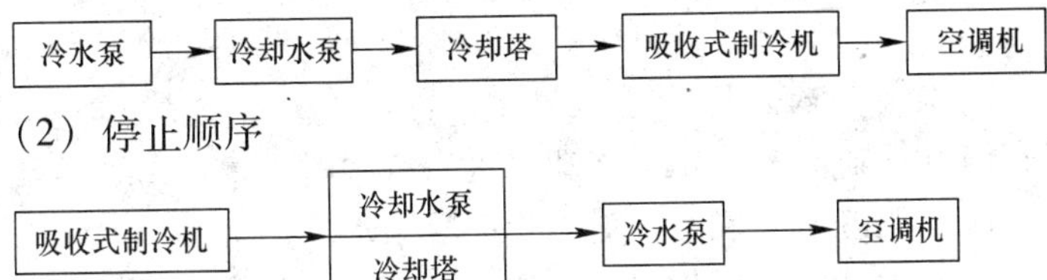

（2）停止顺序

2. 联动

（1）联动启动顺序

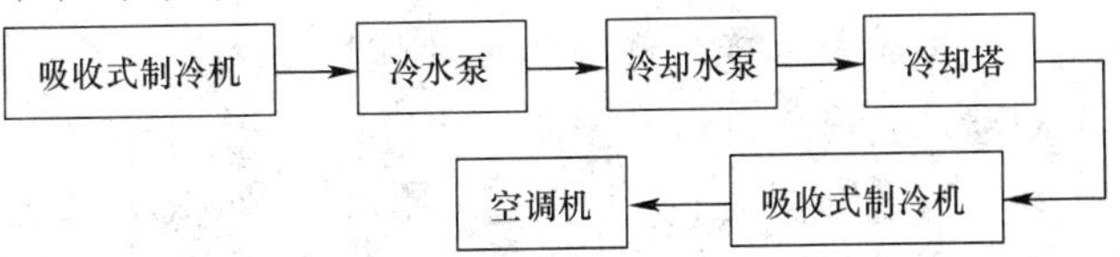

（2）联动停止顺序

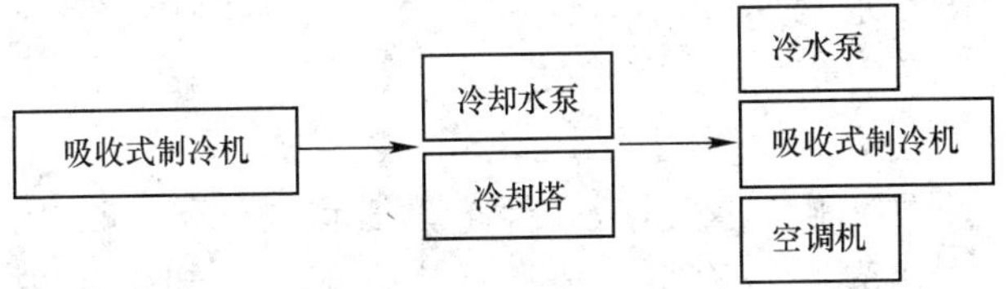

二、运行前的检查与准备工作

1. 控制盘内开关的确认

（1）控制阀转换开关在“自动”位置。

（2）冷剂泵转换开关在“自动”位置。

（3）燃烧器转换开关（直燃型）在“平时”位置。

（4）冷暖转换开关（直燃型）制冷时在“冷房”位置；制热时在“暖房”位置。

（5）抽气泵开关在“停止”位置。

2. 设定项目的确认（确认设定值是否按希望的要求设定）

（1）冷水出口温度设定（7℃）；温水出口温度设定（60℃）。

（2）比例带设定（10℃）；温水比例带设定（6℃）。

（3）积分时间设定（250 s）；温水积分时间设定（50 s）。

（4）微分时间设定（0 s）；温水微分时间设定（30 s）。

3. 设备的确认

（1）正确打开冷水、冷却水进出口阀门，看有无泄漏。

（2）打开蒸气阀，并放出管中凝结水。

（3）确认冷却水的温度不能低于19℃。

三、溴冷机的启动与停止

1. 启动

（1）对于控制盘的现场和远距离的切换是否处于手动加以确认（手动键二极管灯亮）。

（2）在未联动的情况下，手动启动冷水泵、冷却水泵。

（3）按下启动键，发光二极管灯亮（冷水泵、冷却水泵与溴冷机组成联动电路时，自动运转）。

（4）溴冷机进入自动运转状态。

2. 停止

（1）按下控制盘的停止键，停止键发光二极管灯亮。

（2）在水泵与溴冷机组成联动电路时，冷却水泵在1～5 min后停止；冷水泵在2～6 min后停止，制冷机进入稀释运转，在6～15 min后自动停止。

（3）溴冷机停止后，停止空调机。

四、溴冷机运行中的注意事项

（1）抽气作业完成后，要关闭抽气阀门，以防空气进入溴冷机。

（2）蒸气不能进入已经停止运转的溴冷机中，长时间进入易造成结晶。

（3）在日常停机中，不要切断总电源，以免钯管抽气装置不能运转产生事故。

（4）在溴冷机的稀释运转中，冷水泵和空调机仍需运转，否则会造成冻结事故。

（5）在开始冷暖房运转时，必须在确定冷暖转换工作完成之后才能运转。

五、溴冷机的抽气装置操作

抽气在运转开始前和开始后都有可能进行，将气体镇流阀开到有排气声音出现为止（若全闭油易污染），如图 5—1 所示。

1. 运转中的抽气作业

（1）启动真空泵。

（2）开抽气阀 1，确认抽气压力在 4 mmHg 以下。

（3）开抽气阀 2，抽气约 30 min。

（4）关闭抽气阀 2 后，空运转约 30 min。

（5）关闭抽气阀 1。

（6）停止真空泵。

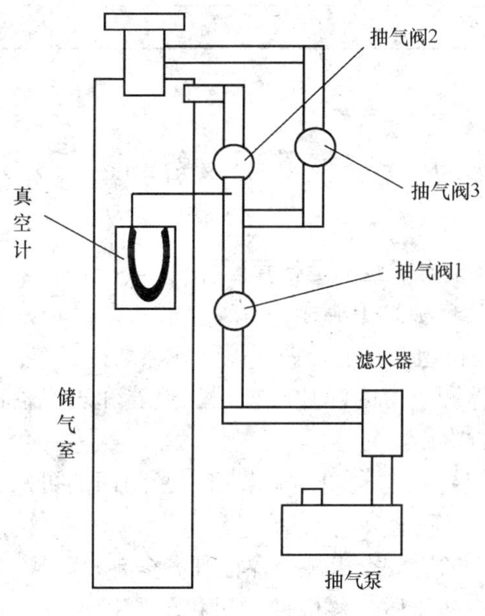

图 5—1　抽气装置示意图

2. 停机时的抽气作业

（1）启动真空泵。

（2）开抽气阀 1，确认抽气压力在 4 mmHg 以下。

（3）开抽气阀 3，抽气约 30 min（直接从机体内抽气）。

（4）关闭抽气阀 3，空运转 30 min。

（5）关闭抽气阀 1。

（6）停止真空泵。

3. 压力的测定

各部分压力测定时，阀的开关状态见表 5—5。

表 5—5　　压力测定时阀的开关状态

抽气阀	阀 1	阀 2	阀 3
到达压力	开	关	关
筒内压力	开	关	开
储气室压力	开	开	关

模块五　空气处理设备的运行管理

一、空气处理机组的运行管理

1. 空气处理机组开车前

空气处理机组开车前，做好以下各项准备工作：

（1）清整调节窗的叶片。校正加热器和表冷器由于运输和安装中碰歪的翅片。

（2）检查各控制阀门、调节窗、密闭门的可靠性，启闭要灵活，关闭要严密。

（3）检查所有安全设施，保证其齐全有效。

（4）检查各箱体、各构件和风机的紧固情况，并做好单机试运转工作。

（5）水表冷段供水温度为 7 ~ 10℃，加热段供水温度大于 80℃。

2. 维修保养

空调机组日常使用中，应做好如下维护工作：

（1）定期检查风机、电动机及各电气设备处于正常状态，并定期给轴承注油，定期检查调紧风机三角带。

（2）定期清除挡水板、加热器和表冷器上的积垢。

（3）当过滤器中阻力达到0.15 kPa以上时，应更换滤芯。

（4）在使用加热器和表冷器前，应排除管内积水，为清除管子内壁的积垢，每2~3年应采用化学除垢法清洗一次。

（5）壁板框架和所有金属部件应定期除锈涂漆（每年一次）。

二、风管系统的运行管理

风管系统的运行管理主要是做好风管（含保温层）、风阀、风口、风管支架构件的巡检与维护保养工作。

1. 风管

空调风管绝大多数是用镀锌钢板制作的，不需要刷防锈漆。除了空气处理机组外接的新风吸入管通常用裸管外，送回风管都要进行保温。其日常维护保养的主要任务是：

（1）保证管道保温层、表面防潮层及保护层无破损和脱落，对使用粘胶带封闭防潮层接缝的，要注意粘胶带无胀裂、开胶的现象。

（2）保证管道的密封性，绝对不能漏风。重点是法兰接头和风机及风柜与风管的软接头处以及风阀转轴处。

（3）定期通过送（回）风口用吸尘器清除管道内部的积尘。

（4）保温管道有风阀手柄的部位要保证不结露。

2. 风阀

主要有风管调节阀、风口调节阀、风管止回阀等。风阀在使用一段时间后，会出现松动、变形、移位及动作不灵等问题。不仅会影响风量的控制和空调效果，还会产生噪声。因此，日常维护保养除了做好风阀的清洁与润滑工作以外，重点是要保证各种阀门能根据运行调节要求定位准确、稳固；关则严实，开则到位；阀板或叶片与阀体无碰撞，不会卡死。拉杆或手柄的转轴与风管结合处应严密不漏风；电动或气动调节阀的调节范围和指示角度与阀门开启角度一致。

3. 风口

风口有送风口、回风口、新风口之分。其型式与构造多种多样，日常主要是做好清洁和紧固工作，不让叶片积尘和松动。送风口每三个月左右拆下来清洁一次，回风口和新风口则可以结合过滤网的清洁周期一起清洗。

三、水系统的运行管理

水系统的运行管理主要是做好各种水管、阀门、水过滤器、膨胀水箱的运行检查与维护保养工作。

1. 水管

水管按其用途不同可分为冷冻水管、冷却水管、热水管和凝结水管等。

(1) 冷冻水管和热水管。冷冻水管与热水管均为有压管道，而且全部采用保温层包裹。日常的维护保养工作如下：一是保证保温层和防潮层不能有破损，防止管道的冷、热损失和结露滴水现象；二是保证管道内没有空气，为此要注意检查管道系统中的自动排气阀是否正常。

(2) 冷却水管。冷却水管应主要注意的问题是管道的腐蚀和冬季存水结冰，室外部分要采取防冻措施。

(3) 凝结水管。为防止凝结水管结露而到处滴水，要做好保温处理。要保证水管的畅通和保温层、防潮层的完好无损。

2. 阀门

空调水系统中使用的阀门种类和形式比较多，为保证这些阀门启闭可靠、调节省力、不漏水、不滴水，日常维护保养应做好以下几项工作：

(1) 保持阀体外的清洁和油漆完好状态。

(2）阀杆外露螺纹部分要涂黄油，增加润滑作用，减少磨损。

(3）不经常使用的阀门必须定期转动手轮，以防生锈卡死。

(4）机械传动的阀门要视缺油情况向齿轮箱中加油。

(5）在冷冻水管路上的阀门要保证其保温层的完好，防止发生冷量损失和出现结露情况。

(6）自动阀门（止回阀、自动排气阀）要经常检查其工作是否正常。

(7）电动阀门（电磁阀、电动调节阀）还要注意对电控元件和线路的检查保养。

手动阀门在操作时要注意，手轮或手柄转动正常，实现灵活开关。在开启过程中，一定要缓慢扳动手柄或手轮，不能用力过猛，以免造成阀芯卡住、脱落现象。当开到最大开度时，应回转一圈。对于常开或常闭的阀门可摘掉其手轮，阀门上最好挂上标明开、关状态的指示牌，以免误操作。

3. 水过滤器、膨胀水箱

水泵入口处的水过滤器要定期清洗。对于新系统以及运行时间较长的水系统，清洗周期要短，一般每三个月应拆开清洗过滤网一次。

膨胀水箱每班都应检查一次，保证水箱中的水位、浮球阀的动作；每年清洗一次水箱，并要防止水箱的生锈和腐蚀。

4. 水管系统常见问题和故障的分析与解决方法（见表5—6）

表5—6　水管系统常见问题和故障的分析与解决方法

问题或故障	原因分析	解决方法
漏水	① 法兰及丝扣处连接不严密 ② 管道腐蚀穿孔	拧紧或更换密封材料 补焊或更换新管道

续表

问题或故障	原因分析	解决方法
保温层受潮或滴水	① 管道内漏水 ② 保温层和防潮层破损或保温效果变差	同上，同时应更换保温材料，更换全部破损受潮的保温层，要保证保温层与管壁接触牢靠
管道内有空气	① 自动排气阀不起作用或位置设置不当 ② 末端装置未排空气	修理或更换；在支环路较长的管道转弯处加设排气阀 排放末端装置中的空气
阀门漏水或产生凝结水	① 阀杆或螺纹及填料磨损 ② 没加保温层或保温层失效	拆卸更换 加强保温

模块六　空调系统辅助设备的运行管理

一、通风机的运行管理

通常空气处理设备（如柜式风机盘管、组合式空调机组、单元式空调机以及小型风机盘管）采用的都是离心风机。本内容主要以离心风机为主讲述其操作管理，轴流风机可做参考。

1. 风机启动

大型空气处理机中通风机的启动基本上能实现远程控制启动，小型风机盘管中的通风机由房间的使用者就地启动控制。由变频器控制的通风机可以实现自动软启动，大型通风机从启动到达到正常工作转速需要一定时间，而电动机启动时所需要的功率超过其正常运转时的功率。由离心风机性能曲线可以看出，风量接近于零（进风口管道阀门全闭）时功率较小，风量最大（进风口管道阀门全开）时功率较大。为了保证电动机安全启动，应将离心风机进口阀门全关闭后启动，待风机达到正常工作转速后再将阀门逐渐打开，避免因启动负荷过大而危及电动机的安全运转。轴流风机无此特点，因此不宜关阀启动。

2. 离心式风机检修

小修指检查紧固各部连接螺栓，消除泄漏，消除设备局部缺陷。

中修指包括小修内容，解体检查各部件磨损情况，视情况予以修复或更换。检查或更换叶轮，并调整各部位间隙，达到技术要求。

大修指包括中修内容，检查或更换机壳。检查调整机壳水平，并消除因风管下沉或吊架松动带来附加应力，设备与管道防腐。

（1）叶轮

1）铆接叶轮应无松动、裂伤及脱落，焊接叶轮的焊缝不得有裂伤和严重的焊接缺陷，着色探伤不合格的焊接叶轮，需经打磨、清洗、预热、补焊后再次检查，合格后方可使用。

2）叶轮不得有毛刺、裂伤、变形等缺陷，一般口环与机壳的同轴度为 $\phi 0.05$ mm，口环与轴孔同轴度为 $\phi 0.03$ mm。

3）轮盘的磨蚀、磨损量大于原始厚度的 1/3 时，或叶片的磨损量超过原始厚度的 1/2 时，必须更换叶轮。

4）叶轮与主轴装配前，可进行静平衡校验。

（2）机壳

1）在电动机支座部位测量机身水平度误差不大于 0.05 mm/m。

2）机壳应光滑、平整、无变形。

3. 检修注意事项

（1）当主轴或机壳腐蚀变形严重，影响风量时，应予以更换。

（2）安装时，注意检查机壳，防止掉入工具或杂物。

（3）在结合面上应涂有润滑油，以利于拆卸。

（4）风机各部件上不允许承受管道质量，保证风机水平位置。

（5）拆卸叶轮时，严禁用力击打叶轮。

（6）检修前必须切断电源，并在电源处挂“有人工作，禁止合闸”标志牌。

4. 维护保养

（1）每小时检查一次风机的运转状况，有无异常振动和杂音，电动机温升和电流是否超过允许值，风量、风压是否满足生产要求。

（2）做好巡回检查工作，每班检查各连接螺栓有无松动，并及时消除缺陷。

（3）做好设备清扫、清洁工作。

5. 常见故障处理（见表 5—7）

表 5—7　　离心式风机的常见故障处理

故障现象	产生原因	处理方法
振动加剧	① 转子不平衡 ② 转子叶轮内积垢 ③ 动静部分相互摩擦 ④ 叶轮变形或腐蚀 ⑤ 地脚螺栓松动 ⑥ 喘振	① 重做静平衡或动平衡 ② 消除积垢后做平衡 ③ 停机检查有关间隙并处理 ④ 修理或更换 ⑤ 紧固 ⑥ 调整负荷
风压降低，流量减小	① 叶轮严重磨损 ② 紧扣管线堵塞	① 更换叶轮 ② 清理进口管线
噪声大	① 动、静部分相互摩擦 ② 异物进入	① 检查修理 ② 清除异物

二、循环水泵的运行管理

1. 开泵前的准备与检查

（1）检查各部螺栓有无松动、是否齐全，主轴窜动量是否合乎规定。

（2）润滑油的质量是否合乎要求，油量是否适当，油环转动是否灵活。

（3）填料松紧适当，真空表和压力表的旋钮要关闭，指针在零位。

（4）检查吸水管路是否正常，吸水管路内应充满水。

（5）检查闸阀开闭是否灵活，开泵前要将闸阀全闭，以减小启动电流。

（6）检查电源电压是否正常，接线是否良好。

（7）盘车 2 ~ 3 转，检查水泵转动部分是否正常。

（8）向泵和吸水管中灌引水，同时打开放气阀，直到放气阀上不冒气而完全冒水为止，再关上放气阀和放水阀。

2. 操作程序

（1）采用有底阀排水时，应先打开放水阀向水泵内部灌水，并打开放气阀，直到放气阀上不冒气，且完全冒水为止，再关闭放水阀和放气阀。

（2）采用正压排水时，应先打开进水管的阀门。

（3）关闭水泵排水管上的闸阀，使水泵在轻负荷下启动。

（4）启动电动机。

（5）待电动机转速达到正常状态时，慢慢将水泵排水管上的闸阀全部打开，同时注意观察真空表、压力表、电压表、电流表的指示是否正常，若一切正常表明启动完毕。若根据声音及仪表指示判断水泵没有上水应停止电动机运行，重新启动。

3. 停车

（1）慢慢关闭出水闸阀。

（2）按下停止按钮，停止电动机运行。

（3）正压排水室，应关闭进水管上的阀门。

（4）将电动机及启动设备的手轮、手柄恢复到停车位置。

（5）长时期停运应放掉泵内存水。每隔一定时期应将电动机空运，以防受潮。空运前应将联轴器分开，使电动机单独运转。

4. 离心式水泵运行中应注意的安全事项

离心式水泵运行中应注意以下安全事项：

（1）经常注意电流、电压的变化。当电流超过额定电流，电压超过额定电压的±5%时，应停止水泵运行，检查原因，进行处理。

（2）检查各部轴承温度是否超限。滑动轴承不得超过65℃，滚动轴承不得超过75℃；检查电动机温度是否超过铭牌规定值；检查轴承润滑情况是否良好（油量是否合适，油环转动是否灵活）。

（3）检查各部位螺栓及防松动装置是否完好，有无松动。

（4）注意各部位声响及振动情况，有无由于气蚀而产生的噪声。

（5）检查填料（盘根）密封情况，填料箱温度和平衡装置回水管的水量是否正常。

5. 水泵常见故障及维修方法（见表5—8）

表5—8　　　　水泵常见故障及维修方法

故障	原因	维修方法
水泵不吸水，出水压力表及吸水真空表指针剧烈摆动	进入水泵的水量不足，吸水管路或密封等漏气	拧紧丝堵、密封面，再抽真空或向水泵内注水
水泵不吸水，吸水前高度真空	底阀没有打开或已淤塞，吸水阻力太大	校正或更改底阀；清洗吸水管
水泵出水管有压力，但水管不出水	出水管阻力太大，旋转方向不对，叶轮淤塞	检查或缩短水管及电动机的转向，取下水管接头，清洗叶轮
流量低于预定值	水泵淤塞，口环磨损过多，接管太小	清洗水泵及换大管径水泵；更换口环
水泵功率过大	填料盖压缩过紧；叶轮松动，叶轮或轴承损坏，使水泵供水量增加	检查更换填料压盖、机械密封和叶轮；关小出水口阀门，降低流量

续表

故障	原因	维修方法
轴承过热	没有油；水泵轴与电机轴不同心	注油；校正同心度或更换轴承
水泵内声音反常，水泵不上水	流量太大；吸水管阻力太大；有空气渗入；输送液体温度过高；叶轮吸到杂物	关小出水阀门，降低流量；检查泵的吸水管，检查底阀减小吸水高度；解决漏气；降低液体温度
水泵振动	泵轴与电动机轴不同心；轴承是否损坏	校正同心度；检查轴承

三、冷却水塔的运行管理

1. 冷却塔的安装

（1）应避免装于防水通道、易反射音量的高墙，应装于屋顶或空气流通的地方。

（2）两台或以上冷却塔并用时，应注意塔身间距。

（3）不应安装在四面有外墙或密不透风的地方，并应注意塔身与外墙间距。

（4）应避免安装在有煤烟及灰尘较多的地方，防止堵塞胶片。

（5）应远离厨房及锅炉房等较热的地方。

（6）基础应水平不能倾斜，冷却塔中心线垂直于水平面，否则会影响电动机工作。

（7）对于 150 t 以上的冷却出入水管应有支座或支架。

（8）当采用两台或两台以上水泵时，应在其间加一平衡水管。

（9）循环出入水接头，宜用避振喉连接。

（10）冷却塔风机叶片应与塔壁间隙一致，绝不允许两侧间隙相差太大，发现间隙相差太大应及时调整。

2. 使用前检查

（1）所有螺钉是否拧紧，塔内是否有杂物。

（2）风扇及淋水系统转动是否顺畅。

（3）检查电源与电动机电压是否一致。

（4）传动带组安装是否正确。

（5）开启补水阀将水盆及水管完全注满，水位低于满水喉 25 mm。

（6）启动时，先开水泵，后开风机，检查风向、送风量，及时调整直至达到要求为止。

（7）停止时，先停风机后停水泵。

3. 运行注意事项

（1）保持水塔内清洁，定期做水质处理。

（2）运行 60 ~ 80 h 后，需重新检查传动带拉力，确保正常。

（3）注意齿轮减速箱油位，运行 150 ~ 180 h 后需更换润滑油。

（4）电动机及减速器要定期检查维修，减速器应检查油位。

4. 常见故障的分析与解决方法（见表 5—9）

表 5—9　　冷却水塔的常见故障分析与解决方法

常见故障	原因分析	解决方法
出水温度过高	① 循环水量过大 ② 布水器出水孔被堵，造成偏流 ③ 进出空气短路或不畅 ④ 进风量不足 ⑤ 进水温度过高 ⑥ 填料堵塞 ⑦ 室外湿球温度过高	① 调节阀门至合适水量 ② 清除堵塞物 ③ 查明原因改善 ④ 检查通风机的通风状态 ⑤ 检查冷水机组 ⑥ 清除堵塞物 ⑦ 减小冷却水量
集水盘中水位过低	① 浮球阀开度过小 ② 补水压力不足，造成补水量小 ③ 管道系统漏水 ④ 冷却过程失水过多 ⑤ 补水管径偏小	① 调大到合适开度 ② 查明原因，提高压力或加大管径 ③ 检查漏水处，堵漏 ④ 查明原因 ⑤ 更换

续表

常见故障	原因分析	解决方法
有明显飘水现象	① 循环水量过大或过小 ② 通风量过大 ③ 填料中有偏流现象 ④ 布水装置转速过快 ⑤ 挡水板安装位置不当	① 调节阀门至合适位置或更换冷却塔 ② 降低风机转速或调整叶片角度 ③ 查明原因，使其均流 ④ 调整至合适转速 ⑤ 调整安装位置
有异常噪声或振动	① 风机转速过高，通风量过大 ② 轴承缺油或损坏 ③ 风机叶片与其他部件碰撞 ④ 部件螺栓松动 ⑤ 传动带与防护罩摩擦 ⑥ 齿轮箱缺油或齿轮组磨损 ⑦ 挡水板与填料摩擦	① 降低风机转速或调整叶片角度 ② 加油或更换 ③ 查明原因，排除 ④ 紧固 ⑤ 张紧传动带，紧固防护罩 ⑥ 加油或更换齿轮组 ⑦ 调整挡水板或填料
布水不均	① 布水器部分出水孔堵塞 ② 循环量过小	① 清除堵塞物 ② 加大循环水量或更换匹配的冷却塔

模块七　中央空调系统循环水的管理

一、循环水的水质管理

水质对热交换器的影响有结垢、腐蚀、污泥三方面，如果对水质不处理，污垢就会附着在传热管表面，使传热性能下降，同时氧化腐蚀影响机组的使用寿命。

循环水处理的任务就是先清除新旧系统、设备水路的锈垢、泥垢、生物菌藻，然后在干净的内壁预制一层完整的薄而密的保护膜（钝化膜），最后再根据日常水系统变化，通过水质分析投加复配缓蚀剂、阻垢剂、分散剂及杀菌灭藻剂，抑制系统腐蚀，防止结垢生锈，阻止泥垢淤积以及菌藻滋生。

1. 预处理

预处理包括清洗和预膜。清洗分为物理清洗和化学清洗，物理清洗就是用人工清扫和清水冲洗，以除去残留的泥沙、建筑垃圾等。化学清洗是以化学清洗剂去除设备管道中的油污、结垢、黏泥、铁锈和菌藻等杂质，达到清洗金属表面的目的，降低热阻，为预膜打好基础。

清洗药剂有机高分子化合物，对设备管道无任何损害，其作用机理是渗透、扩散，能很好地清除污垢和铁锈。

预膜剂是复合配方，具有协同效应，能在已清洗干净的金属表面迅速形成化学保护膜，使其管道设备有很好的缓蚀、阻垢效果，延长设备使用年限。

2. 日常处理

预处理后，系统正常运行，进入日常处理阶段。根据水质化验作出的初步药剂配方及初始投加浓度，进行缓蚀、阻垢、杀菌处理。根据对水质及投加量的分析和水处理效果的分析，随时调整配方，这样能确保药剂与工艺的最优化组合，以达到水处理的最佳效果。

二、水处理工艺

1. 在水循环系统内的冷却塔和膨胀水箱中加入剥离剂、杀菌灭藻剂，并加入一定量的分散剂，通过水循环运行 24 ~ 48 h，进行杀菌灭藻、剥离污垢，最后排污。

2. 在水循环系统中加入清洗剂，除去系统中污垢及铁锈，通过水循环 48 ~ 60 h，排污至浊度小于 0.015‰，最后将 Y 形过滤器的过滤网拆开清洗。

3. 在水循环系统中加入预膜剂进行表面钝化处理，运行时间在24 h左右，pH值控制在6～6.5，排污至浊度小于0.005‰。

4. 日常维护时，药剂浓度依据具体水质情况，由分析决定投加量，以维持和修补系统内金属表面形成的保护膜，以阻止和分散各种成垢离子结垢，达到防腐、防垢和控制微生物生长的目的。

三、物理水处理方法

1. 磁化水处理法

在冷却水管路上安装磁化器，利用磁场的作用，抑制污垢的产生。其效果与磁场强度有关。

2. 软化水装置

利用离子交换基本原理，在软化水过程中，钠离子置换出水中的钙、镁离子，使水的硬度降低。

3. 高频电子法

利用电子元件产生高频信号，使水物理结构发生变化，溶解盐类的正负离子被单个水分子包围，运行速度降低，静电引力下降，从而使换热管表面无法结垢。

第六单元　楼宇中央空调冷水机的维修保养及常见故障分析

模块一　螺杆式冷水机的维修保养及常见故障分析

一、螺杆式冷水机的运行维护管理

1. 蒸发器和冷凝器内润滑油的回收（氟机组）

当吸气大量带液、油温低于20℃、机组开车后增载过快等原因影响油与制冷剂的分离效果，导致奔油，使大量油进入冷凝器和蒸发器，致使机组不能正常运行时，必须将油回收到油分离器中。回收方法如下：

（1）将能量减至0位，停止机组运行。如装有蒸发压力控制器，断开保护。

（2）将供液电磁阀底部的调节杆旋进，开启电磁阀，将冷凝器中的氟利昂和油混合液全部放入蒸发器中，再将电磁阀调节杆旋出，关闭电磁阀。

（3）按正常程序开车，向蒸发器和冷凝器供水。机组在0位能量运行，将供液电磁阀调节杆旋至开，开启供液电磁阀，0.5 min后，将供液调节杆旋至关，关闭供液电磁阀、冷凝器出液阀。

（4）机组在0位能量继续运行，待蒸发器中约1/2氟利昂抽至冷凝器后，将能量增至10%~20%运行。

（5）当蒸发器中看不到氟利昂，且吸气压力不断下降，降至0.2～0.3 MPa时，将能量减至0位，停止机组运行。

（6）关闭吸排气阀，通过油分离器放空阀卸压至0.2～0.3 MPa。

（7）关闭油冷却器出油阀，用回油管将蒸发器下部回油阀与加油阀连接，上紧连接螺母。缓慢开启蒸发器回油阀和加油阀，同时启动油泵将油抽至油分离器中。

（8）观察油分离器视油镜，待油面升至一定油位不再升时，关闭蒸发器回油阀与加油阀，停止油泵运行。拆除回油管，微开蒸发器回油阀，利用蒸发器内制冷剂气体吹出残油，当没有制冷剂气体吹出时，立即关闭回油阀。

（9）开启油冷却器出油阀和冷凝器出液阀。接通蒸发压力控制器保护。

2. 螺杆压缩机组制冷剂的充注

加制冷剂前应将制冷剂与瓶称重，以便计算所充入制冷剂的重量。充入制冷剂是在系统真空试验完成后，利用真空充入，步骤如下：

（1）关闭蒸发器进液阀及与大气连通的阀门，开启冷凝器出液阀及系统中其他各设备的阀门，并向蒸发器和冷凝器供水。

（2）将制冷剂瓶连接在干燥过滤器前充液阀门上，制冷剂瓶底朝上倾斜放置，打开制冷剂瓶出液阀少许，松开充液阀门的接头螺母，利用制冷剂排出连接管路内的空气，再拧紧螺母。

（3）开启机组充液阀及制冷剂瓶的阀门，制冷剂在瓶内压力作用下自动进入系统。系统中压力上升，充入制冷剂的速度减慢，这时应将供液电磁阀手动打开或单独供电开启，向蒸发器、压缩机充入制冷剂。

（4）如果在制冷剂瓶与冷凝器的压力平衡后，充注量不够，可采取开机充注。

（5）开机充注制冷剂。油冷却器供水，接通冷却水、冷水系统。关闭冷凝出液阀，打开系统中其他截止阀。按开车过程开动压缩机使蒸发系统压力降低，打开干燥过滤器上的充液阀，继续充装制冷剂。充装过程中应注意使吸气压力在0.2 MPa（表压）左右，若吸气压力过低应使压缩机减载，同时增加充液阀的开度，一直到充装量达到要求为止。

开启压缩机充装制冷剂，还应注意以下几点：

1）冷凝器、蒸发器水路应正常工作。

2）吸气压力不得过高，一般不高于0.5 MPa（表压），吸气腔不得结霜。当发现结霜时，应关闭（可关小）吸气截止阀、充液截止阀，待恢复正常后再慢慢开启上述阀门。

3）渗漏处的补焊必须在放去压力后进行。

3. 机组加油

（1）初次加油。初次加油可以在系统形成真空的情况下，将加油管连在油粗过滤器前的加油阀上，利用机组加油阀加油。当油量未加足时，可关闭油粗过滤器进口和油精过滤器出口的管道截止阀，启动机组中的油泵，油经加油阀、油粗过滤器、油泵及单向阀进入油冷却器，油充满油冷却器后流入油分离器，直至油分离器中的油面到达上视液镜中心时，停止加油。开油泵一段时间，打开油分离器与油冷却器之间的平衡放气阀，观察油面有无波动，无波动即完成了加油。

（2）补充加油

1）当机组内已有制冷剂需补充加油时，首先应停机，关闭吸排气阀，通过油分离器放空阀卸压至0.1～0.2 MPa。再按初次加油方法加油。

2）当压缩机在正常运转过程中加油时，调节吸气截止阀，使吸气压力略低于大气压力。加油管一端接吸气过滤器上的加油阀，另一端插入油桶中，缓慢开启压缩机吸气过滤器上的加油阀，即可完成加油。加油速度必须较慢，注意机器的声音变化，当压缩机出现异常声响或振动时，关小加油阀开启度。

4. 抽真空

用真空泵或抽氟机，从干燥过滤器附近的充液阀处将机组抽真空，使其绝对压力保持 5.33 kPa（40 mmHg）左右 2 h 以上。一般不允许用本机组抽真空，因为用本机组抽真空时，油分离器内一部分空气不能排出而存留在系统中。抽真空时，应开启系统或机组内的全部阀门（包括表阀），关闭所有与大气相通的阀。

二、螺杆式冷水机组维护保养

螺杆式冷水机组维护保养的主要内容包括日常保养和定期检修。定期的检修保养能保证机组长期正常运行，延长机组的使用寿命，同时也能节省制冷能耗。对于螺杆式冷水机组，应有运行记录，记录机组的运行情况，而且要建立维修技术档案。完整的技术资料有助于发现故障隐患，及早采取措施，以防故障出现。

1. 日常维护

（1）每天按规定的程序顺序执行开机和停机；按一定的时间间隔记录机组运行参数。

（2）通过控制柜上压力表显示检查机组的蒸发器和冷凝器压力，根据压力温度对照表，检查蒸发温度和冷冻水出水温度的差值、冷凝温度和冷却水出水的温度差值。注意它们的变化趋势。蒸发压力读数一般应在 380 ~ 450 kPa 的范围内，冷凝压力一般应在 1 300 ~ 1 500 kPa 的范围内。温差值一般应在 1 ~ 3℃ 范围内。

（3）检查制冷剂过滤干燥器，如果发现过滤干燥器出口位置有结霜现象，则说明存在堵塞。这个现象通常伴随着蒸发压力过低以及蒸发温度与冷冻水出水温度的差值增大的现象，应注意及时更换制冷剂过滤干燥器。

（4）检查油箱中的油位，正常的油位一般应在视镜的中部位置。如果发现油位有较大的下降，应及时添加冷冻油。

（5）遇到任何停机故障都应引起重视，分析原因。

2. 定期维护

为防止因接触运转部件或接触带电部位而导致人员伤亡，维护检查前应断开主电源并在开关位置悬挂明显的禁止合闸标志。

定期维护包括每周、每季度、每年的维护保养。参照下述内容制订科学的定期维护计划并认真地予以执行，对预防问题的出现能够起到非常重要的作用。

（1）每周的维护

1）检查分析运行参数记录表。

2）检查电源接线的紧固螺栓有无松动。

3）检查机组各运动部件有无杂音，运行是否正常。

4）检查制冷系统的高、低压力值是否正常。

5）检查各电动机的运行电流、机组的绝缘电阻是否正常。

6）检查干燥过滤器及视镜是否正常，如过滤器出口结霜，表明过滤器脏堵，需清洁滤网，视镜有湿度显示（颜色变红），则需更换过滤器芯。

7）检查压缩机润滑油是否正常，如油位低于视镜的1/2，应添加润滑油；如有脏物或已变质，应更换润滑油，并清洗或更换油过滤器，同时更换干燥过滤器芯。

（2）每季度的维护

1）检查分析运行参数记录表。

2）检查压缩机油位。

3）清洁蒸发器和冷凝器水系统管路过滤器。

4）在机组满负荷运行时检查制冷剂和通过制冷剂过滤干燥器所产生的温降。

5）对冷冻油进行理化分析，以便判断机组中制冷剂的含水量及酸度。

6）对控制柜、启动柜和电动机的所有可能松动的电气接头进行紧固检查。

（3）每年的维护

1）检查油位，对冷冻油做理化分析，如果发现油已经乳化，应更换同牌号冷冻油。

2）每年至少拆开一次安全阀出口的接管，仔细检查阀体，看其内部是否有腐蚀、生锈、结垢、泄漏等现象，若发现有腐蚀或泄漏，应更换安全阀。此检查应由维修人员进行。

3）检定冷凝器高压开关的设定值，确保高压开关在1.8 MPa时动作。

4）检查冷凝器管程的结垢程度。如果蒸发器连接开式系统，应一并检查。根据检查结果，可以确定清洗周期和水环路中水的处理是否适当，若发现结垢严重，应清洗管程。每年至少一次用旋转式清洗设备清洗传热管，如果水受到污染，清洗应更频繁。冷凝压力过高、机组制冷量不足通常是由于管内的结垢或机组内有空气，对照冷却水出水温度以及冷凝器制冷剂温度，如果两者差值大于6℃，冷凝管可能结垢。在传热管清洗过程中，应使用专门的刷子，避免划伤和刮破管壁，不可用线刷。

5）检测压缩机电动机绕组间及绕组对地的绝缘电阻。此检查应由维修人员进行。

三、螺杆式冷水机组的常见故障分析（见表6—1）

表6—1　　螺杆式冷水机组的常见故障分析

故障	原因	解决方法
排气压力过高	① 冷凝器进水温度过高或流量不足 ② 系统内有空气 ③ 传热管结垢严重 ④ 系统内制冷剂过多 ⑤ 排气管路不通畅	① 检查冷却水系统 ② 放气操作 ③ 清洗 ④ 排出多余制冷剂 ⑤ 检查阀门等

续表

故障	原因	解决方法
排气压力低	① 冷却水流量过大或水温度过低 ② 压缩机发生回液 ③ 系统制冷剂不足 ④ 吸气压力过低	① 关小阀门或调节冷却塔风机 ② 分析原因，减少供液 ③ 添加制冷剂 ④ 检查吸气管路的阀门、过滤器及增加供液量
吸气压力过高	① 制冷剂充装量过多 ② 当满负荷工作时，液体进入压缩机	① 排出多余制冷剂 ② 检查和调整热力膨胀阀
吸气压力过低	① 液体管路中有关阀门未全开 ② 过滤器堵塞 ③ 膨胀阀调整不当 ④ 系统中制冷剂过少 ⑤ 系统中润滑油过多 ⑥ 冷水回水温度太低或回水不足	① 检查相关阀门，并打开 ② 清洗或更换 ③ 重新调节膨胀阀 ④ 补充制冷剂 ⑤ 进行回油操作 ⑥ 检查原因，减少机器负荷
压缩机高压保护	① 参照排气压力过高 ② 高压设定值不正确	① 降低排气压力 ② 检查并正确设定
压缩机因低压停机	参照吸气压力过低	升高吸气压力
压缩机不能运转	① 过载保护断开或熔丝烧断 ② 控制线路接触不良 ③ 压缩机继电器损坏 ④ 相位错误	① 查明原因更换 ② 检修 ③ 更换 ④ 调整

续表

故障	原因	解决方法
能量调节不能工作	① 温度控制器故障 ② 卸载电磁阀故障 ③ 卸载机构损坏 ④ 控制油路堵塞	① 排除或更换 ② 排除或更换 ③ 修理或更换 ④ 检查疏通

模块二 离心式冷水机的维修保养及常见故障分析

一、离心式冷水机的维修保养

1. 日常维修和检查

（1）检查冷水机组的蒸发器、冷凝器的压力，集油罐压力，供油压力并符合正常运行要求。

（2）利用集油罐盖上的两个视镜检查冷水机组集油罐中的油位。当机组运行时，油位可以在低的视油镜中看见。

（3）若出现频繁抽气，要尽快地确定消除空气和水的漏点。由于泄漏引起的污染会缩短冷水机组的使用寿命。

2. 季节维修和检查

（1）完成所有的日常检查项目。

（2）清理冷水机组中所有的过滤器。

（3）润滑导叶控制联动装置轴承、球连接和支点，加几滴轻机油就可以了。

（4）将防爆碟和排气管路中的杂物排放到真空废物箱中，如果排气过度，需经常做。还应在导叶操作轴上滴油，保护轴。

（5）当检查蒸发器冷媒温度传感器的精度为32℉时，偏差应在±2.0℉。若控制器显示蒸发器冷媒温度读数超过了4℃的偏差应更换传感器。

（6）检查蒸发器、冷凝器的换热管是否干净，必要时进行清洗。

（7）对电动机的绕线电阻接地进行检测，由专业人员完成。

二、离心式冷水机的运行维护管理

1. 压缩机换油

应根据采集的油样分析决定是否换油，而不是每年机械式地换油，以减少耗油量及制冷剂的损失。在油过滤网的上部有一个导流管，以采集过滤后的油样。

为避免油罐中热油的灼伤，在排放油罐内的油前应将控制柜内的断开装置先打开。

（1）通过机组油罐上的注油阀将油抽入指定的真空罐内。

（2）通过注油阀将机组油泵入密封的容器内，使用磁力驱动的辅助泵来泵油。

2. 更换过滤器

机组中的油过滤器每年更换一次，或每次换油时及机组在运行中出现油压不稳定的状况时更换。更换程序为：

（1）运行油泵 2～3 min，使油过滤器和油罐的温度相同。

（2）关闭油过滤器后的截止阀，将正常运行位置的三通路阀转为 45°，使过滤器中的油被吸入油罐，吸油过程为 30 min 左右，可以打开采油样阀以加快吸油过程。

（3）当过滤器油被抽出后关闭三通路阀，更换油过滤器。

3. 制冷剂充装

特灵冷水机组的制冷剂充装程序如下：

（1）如果管内有水，用制冷剂气体断开机器真空装置，或者让水循环，以防管子受损。

（2）只使用与制冷剂相应的软管或带自密封装置或截止阀的铜管。

（3）制冷剂的加入可以采用以下方法：

1）经特灵确认的冷媒低压还原/再循环装置。

2）合适的压差。

3）密封的机械齿轮泵或磁力驱动泵。

（4）注意事项

1）当从一个新桶中充装制冷剂时，要使用专用的带快速连接器的桶塞配件。

2）充装过程要称重。

3）用还原/再循环装置或真空泵使胶管真空。

为了便于冷媒的移动和替换，离心式冷水机配有带截止阀的一个3/4 in的气体连接器和一个安装在蒸发器壳底部的带截止阀的液体连接器。

三、离心式冷水机的常见故障分析（见表6—2）

表6—2　　离心式冷水机的常见故障分析

故障	原因	处理方法
压缩机不能启动	① 断路开关未闭合 ② 电动机启动器失灵，接触不良或绕组烧坏 ③ 电动机启动器不工作 a. 高压、低压控制器，油压差控制器、电动机温度控制器等开路 b. 油泵未运行 c. 电动机启动器过载 d. 冷水温度控制设定值有误 e. 外部连锁电路断开 f. 入口阀执行机构限位开关闭合 g. 油温过低或油泵继电器失灵 h. 冷水需求开关闭合	查找开关未闭合的原因，若一切正常，则将开关合上；若发生故障需查明原因 对控制器开路，查找电路原因 继电器因安全保护而停机，查明原因排除故障后必须进行复位，机组才能启动

续表

故障	原因	处理方法
压缩机启动频繁	① 系统内无热负荷 ② 冷水流量开关飘忽不定 ③ 入口阀执行机构失灵 ④ 冷水温度控制器失灵	① 检查冷水系统的水温和水量 ② 检查水中有无空气 ③ 重新调整入口阀执行机构 ④ 修理或更换
系统高压不正常 ① 液体制冷剂出口与冷却水出口温差高于正常值 ② 制冷剂气体出口压力高 ③ 正常蒸发压力下，冷却水进出口温差大于正常值	① 空气进入冷凝器 ② 冷凝器换热管太脏，冷却水温太高，冷却水短路 ③ 冷却水量不足，冷却水进水温度太高	① 启动放气机构，排出气体。放完气后，需进行检漏 ② 清洗铜管，检查水处理系统，降低冷却水入口温度 ③ 调节冷却水量，检查水泵及过滤器，调整冷却塔运行台数或风机个数
系统低压不正常 ① 冷水出口温度与蒸发器内制冷剂的温差过大 ② 冷水温度过低	① 制冷剂量不足或截流阀进口堵塞 ② 蒸发器换热管过脏 ③ 系统热负荷不足	① 检查修补，加充制冷剂 ② 清洗换热管 ③ 检查进口导叶阀传动电动机的动作及低水温保护开关的设定值
油压跳动不稳	① 空气或制冷剂进入油路的真空侧，油压调节阀失灵，油位不足 ② 放气机构动作	① 对外部所有的油管进行检漏，提高油冷却器润滑油的出口温度；修理油压调节阀；补充润滑油 ② 正常状态

续表

故障	原因	处理方法
主电动机启动，油压上升但短时跳动不稳；主电动机因油压过低而停机	油箱中溶解了大量的液体氟利昂	对油箱进行加热
油泵剧烈振动或杂音太大	① 油泵或管路校正不好，运行件磨损 ② 通过油泵的油量不足或油过滤器堵塞	① 检查重新校正或更换零部件 ② 检查油量及管路，拆洗油过滤器
蒸发器回油不畅	回油系统干燥过滤器太脏；喷射口或喷油口堵塞	更换干燥过滤器；拆下喷射头清洗
蒸发压力过低引起停机	① 制冷剂不足，液位太低 ② 冷水流量不足 ③ 冷水温度调节器的设定值过低 ④ 主定位器的入口执行机构调整不当，入口阀关不上 ⑤ 冷水管道漏入了空气	① 检查补漏，加充制冷剂 ② 调整冷水管路上的阀门和涉水泵过滤器 ③ 检查冷水温度调节器的工作情况 ④ 重新调定主定位器和入口阀的执行机构 ⑤ 进行修理和放空气
油箱内油温过低	① 油加热器不起作用或温度调节器的设定值过低 ② 油内含有制冷剂 ③ 均压阀门的调整位置有误 ④ 油冷却器旁通阀门的调整位置不正确	① 检查油加热器是否烧坏或接触不良或重新调整油温控制器的设定值 ② 提高温度控制器的设定值 ③ 重新调节开度 ④ 重新调节

模块三　溴化锂吸收式冷水机的维修保养及常见故障分析

一、溴冷机的运行维护管理

1. 防止结晶

（1）结晶产生的原因。在溴冷机中，溶液在浓度高、温度低的地方容易结晶。运行中，如果有下列情况之一产生时，就很容易产生结晶：

1）冷却水温度过低或过高；冷却水量过多或过少。

2）冷水、温水、冷却水系统传热管结垢。

3）真空度差。

4）蒸气量过多或蒸气压力、温度过高（蒸气型）。

5）超负荷。

6）稀释时间不足。

7）吸收液的循环量少。

8）制冷机的周围温度低。

9）停机期间，一定的蒸气漏入溴冷机内（蒸气型）。

（2）防止结晶的方法。在溴冷机上有一根防结晶管，连接低温发生器与吸收器。当低温发生器内的浓溶液流动不良时，低温发生器内的液面上升，液体可以通过防结晶管流到吸收器。使稀溶液温度上升，被泵送到低温再生器的稀溶液则用于加热浓溶液，促使浓溶液的温度上升防止结晶。

如果这样还没有消除结晶，还可以采用溶晶运转的方式来消除结晶。因为溶晶运转时，溶液被加热，在机内循环，大约30 min，可以正常运转。

如果有更严重的结晶的话，可以通过外部加热和加装冷剂水的方法进行处理。

停机时防结晶的方法是自动进行的，一般称为稀释运转。在运转中如果突然停电，无法进行稀释运转，一般也不用担心会结晶，但通电后，应立即进行稀释运转，然后才能进行重新启动。

2. 真空度的管理

在前边已经讲过抽气装置的操作，这里不再重复。

3. 冷剂水的净化

在溴冷机运转中，有时微量的溶液会混入到冷剂水中（冷剂水再生不纯），造成冷剂水的比重加大，使制冷能力下降，因此在运行期间必须对冷剂水进行检测，必要时对冷剂水进行溢流。也就是把污染后的冷剂水向吸收液一侧转移，再生成新的干净的冷剂水。其方法如下：

（1）将冷剂泵的转换开关置于“手动”位置。

（2）把冷剂溢流阀完全打开，20 min 后，将其关闭。

（3）把冷剂泵的转换开关恢复到“自动”位置。

4. 溴化锂溶液的管理

溴化锂溶液在机器内循环，对金属有一定的腐蚀性作用，若机器内混有空气，将会对金属材料产生强烈的腐蚀，同时产生的铜、铁等离子和氢气将会直接影响机组的正常运转。铜、铁离子的存在会沉积在位置较低的各热交换器，影响换热效果、流速、流量，浓度增高而产生结晶。同时这些杂质还会堵塞溶液泵的过滤器，影响泵的正常工作及使用寿命。

溶液的采样化验应一年一次。对溶液成分进行分析并进行调整，一般由厂家来完成。

溴化锂溶液的分析与调整内容如下所述。

（1）缓蚀剂（钼酸锂）。缓蚀剂随着溴冷机的运行时间的延长而减少，会增加对设备的腐蚀，应 2 ~ 3 年添加一次。

（2）碱度。为减少对铜管的腐蚀，应使溴化锂溶液呈碱性，pH 值应在 9.0 ~ 10.5。

（3）异辛醇。异辛醇是一种表面活性剂，它可以减少液体表面化的张力，改变制冷剂的蒸发方式，提高制冷量的作用。因其易挥发，在进行抽气作业时易被排到机外，故应及时进行添加，保持在0.2%~0.3%。

（4）铜、铁离子的过滤。若溴化锂溶液中铜、铁离子浓度过高，溶液混浊，必须对溶液进行过滤。过滤的方法如下：

1）连续过滤就是在稀溶液泵的辅助阀与浓溶液辅助阀之间接入一个过滤器，滤芯为分子筛和活性炭，这种方式过滤时间长，效果明显。

2）机外过滤就是把全部溶液排到机外，用桶盛装，再用过滤器过滤。适于在机器大修时使用。

二、溴冷机的保养

1. 定期检查

在溴化锂吸收式制冷机使用期间，应进行定期检查，以保证安全运转。定期检查的项目如下：

（1）真空泵的检查

1）油的污浊与乳化。

2）抽真空性能。

3）传送带的松紧。

4）电动机的绝缘电阻。

（2）溶液泵与冷剂泵的检查

1）有无异常的声音。

2）电动机的电流是否正常。

3）润滑管路是否堵塞。

4）电动机的绝缘性能如何。

5）定期拆检叶轮和清洗润滑管。

6）轴承的磨损程度。

2. 短期停机的保养

所谓短期停机，是指停机时间1~2周，此时的保养工作如下：一方面，将机器内的溴化锂溶液充分稀释；另一方面，注意保持机器内的真空度，若真空度不好，应随时启动真空泵，抽除空气。如检修屏蔽泵（溶液泵与冷剂水泵）、清洗喷淋管或更换隔膜阀隔膜时，切忌机器长时间敞开于大气中，为此要迅速完成修理工作。若修理工作当天无法完成，则在不修理时，应采取临时措施，将与大气相通的部位密封，以使机器保持真空状态。

3. 长期停机的保养

当长期停机时，应将蒸发器冷剂水全部旁通至吸收器，使溶液均匀稀释，以防止在环境温度下降时结晶。为减少溶液对机器的腐蚀，最好将机器内的溶液放至储液器中，然后在机器内充以0.02 MPa氮气。若无储液器时，溶液可储存于机器中，但也应充以0.02 MPa的氮气。此外，还应将发生器、冷凝器、蒸发器和吸收器封头箱内的积水排净，若机房内保持一定的温度，溴冷机原则上进行满水保管，但需要将机器内的污水放净，传热管进行除垢冲洗干净以后，灌满新水保存。所有的电气设备和自动化仪表应注意防止受潮。

三、溴冷机的常见故障分析（见表6—3）

表6—3　　溴冷机的常见故障分析

故障	原因	处理方法
冷水出水温度低（2.5℃以下）	① 冷水出水温度传感器异常 ② 热负荷小 ③ 控制阀不在自动位置 ④ 冷水流量低或管路阀门开启不正确 ⑤ 管内有空气 ⑥ 过滤器堵塞	① 检查并校正或更换 ② 调节制冷机制冷量 ③ 将控制阀开关置于“自动”位置 ④ 检查并调整开度 ⑤ 检查自动排气装置 ⑥ 清洗

续表

故障	原因	处理方法
冷却水温度低（19℃以下运行30 min，机器自动停机）	① 冷却水流量过大或水温低 ② 自动温控系统失灵	① 调整流量或加热 ② 检查自动调节水温传感器及阀门
电动机系统异常	冷剂泵、溶液泵等	① 按“复位”按钮，检查继电器是否动作 ② 检查设定电流是否与铭牌电流一致 ③ 测量泵的电流是否过载 ④ 泵内是否有杂物
再生系统异常	再生压力达到 0 kgf/cm^2；温度165℃以上；浓度在65%以上10 min	① 检查冷却水泵是否正常运转 ② 冷却水的阀门开启、流量、温度、压力是否正常 ③ 蒸气阀门是否在自动位置上 ④ 传感器是否良好 ⑤ 机器内的真空度是否正常
制冷不良	① 抽气不好或漏入空气 ② 传热管有污垢 ③ 冷剂水污染 ④ 冷却水温度高或流量不足 ⑤ 蒸气量不足 ⑥ 制冷剂的循环量不足 ⑦ 吸收液的循环不好 ⑧ 热负荷过大 ⑨ 异辛醇不足 ⑩ 结晶	① 启动真空泵抽气并检查漏 ② 清洗 ③ 冷剂再生处理 ④ 检查冷却水自动控制系统 ⑤ 检查冷水温度设定及蒸气压力 ⑥ 检查蒸气流量 ⑦ 检查泵及过滤器 ⑧ 降低冷水流量 ⑨ 检测并添加 ⑩ 参照防止结晶处理

第七单元　楼宇中央空调安全技术

模块一　安全原理

安全生产与安全生活的实现，不仅需要发展一般的安全工程技术知识、方法和手段，更需要发展安全的科学理论。安全原理是人类安全活动的基本理论和策略，也是安全科学技术发展的基石，是人类预防事故的重要理论核心。

一、事故系统与安全系统

从安全系统的静态特性看，安全科学涉及两个系统对象。第一，事故系统，其涉及的因素是：人—人的不安全行为是事故的最直接的因素；机—机的不安全状态也是事故的最直接因素；环境—生产环境的不良影响人的行为和对机械设备产生不良的作用，因此是构成事故的重要因素；管理—管理的欠缺是事故发生的间接，但却是重要的因素，因为管理对人、机、境都会产生作用和影响。认识事故系统因素，对防范事故就有了基本的目标和对象。第二，安全系统具有重要和更具现实意义的系统对象，其要素是：人—人的安全素质；物—设备与环境的安全可靠性；能量—生产过程的安全作用；信息—充分可靠的安全信息流是安全的基础保障。认识事故系统要素，对指导人们从打破事故系统来保障人类的安全具有实际的意义，这种认识带有事后型的色彩，是被动、滞后的，而从安全系统的角度出发，则具有超前和预防的意义，因此，从建设安全系统的角度来认识安全原理更具有理性的意义，更符合科学性原则。

二、安全基本知识

1. 事故的定义

事故是人在生产、生活中突然发生的，违反人的意志的、迫使活动停止的事件。

2. 危险源

通常把可能发生意外释放的能量（能量源或能量载体）称为第一类危险源。如制冷设备、管路等压力容器；制冷剂、润滑油、酸碱等物质。导致约束、限制能量的措施失控、失效或破坏的各种不安全因素称为第二类危险源。如人的不安全行为、物的不安全状态及环境因素。

危险源与事故，一起事故的发生是两类危险源共同作用的结果，第一类危险源是前提，第二类危险源的出现是第一类危险源导致事故的必要条件，同时，没有第二类危险源破坏对第一类危险源的控制，也不会发生事故。

3. 危险源的控制

（1）消除危险源。如改变生产工艺，选择合适的原材料。

（2）限制能量或减少危险物质的量。如采用低电压，控制液位，防止高温高压及大流量，安装安全阀，电气设备及电力系统设置保护接地等。

4. 事故的直接原因

（1）物的不安全状态

1）无防护装置。

2）保护不良。

3）不安全的工程。

4）不安全的机械。

5）不安全的保护用品。

6）通风、照明不良等。

（2）人的不安全行为

1）在狭窄的场所作业。

2）除去安全装置。

3）使用不安全的工具，不安全地使用。

4）不安全的装载。

5）在不安全处停留。

6）说笑打闹。

7）不用保护用品。

（3）环境因素

1）温度。

2）湿度。

3）照明。

4）粉尘。

5）通风换气、噪声和振动等。

5. 事故的预防措施

（1）工程技术措施。保证设备及装置处于安全状态。

（2）安全教育。强化人的安全行为，提高安全意识。

（3）强制政策。法律法规和操作规范约束行为。

模块二　空调制冷安全技术

一、制冷设备防火、防爆知识及安全用电

1. 制冷设备发生火灾、爆炸的原因

（1）高温部件与易燃物接触，电气绝缘部分老化漏电，引发火灾。

（2）焊接作业，未对易燃物做好隔离。

（3）维修场地空气流动不畅，易燃物和油脂混放。

（4）没有正确使用电热设备。

（5）维修时清洗剂、油蒸气浓度较高。

（6）操作人员违反操作规程损坏设备。

2. 防火防爆措施

（1）设备应在通风良好的宽敞场地，远离易燃易爆物品。

（2）掌握维修时使用的各种清洗剂的使用方法且场地通风。

（3）焊接前要检查各部分，不得有泄漏，做好易燃物的隔离，远离配电装置。

（4）对设备中的塑料制品禁止用明火加热。

（5）明确各类电动设备的功率，防止发生设备超负荷。

（6）维修场地应配备消防器材定期校验，按时更换。

3. 安全用电

（1）电气设备的保护接地和保护接零。

1）保护接地。将电气设备不带电的外壳与大地之间作良好的金属连接。

2）保护接零。将电气设备不带电的外壳与供电线路的零线相连接。

注意：同一系统中，不允许一部分接地，一部分接零，在中线上不允许设置开关或熔断器。

（2）安全用电措施。相线进入电器必须先进开关；合理选择导线与熔断器；电气设备外壳与导线之间必须有一定的绝缘电阻；当带电作业时，一人操作，一人监护；维修时，使用安全电压照明；在带电设备附近禁止使用裸露金属工具；拆下的裸露带电接头应包好；任何电气设备在未确认无电之前，一律认为带电。

4. 制冷作业过程中可能发生的事故及后果

（1）化学爆炸，如氨与空气、油与空气及焊割气体爆炸等。物理爆炸，如气体压缩爆炸及液化气体爆炸等。

（2）中毒，如氨、氮气、乙炔气等。

（3）化学灼伤，如酸、碱、液氨等。

（4）触电。

（5）高处坠落、起重伤害及机械伤害等。

二、制冷作业人员安全要求

制冷系统承受的压力虽然属于中低压范畴，但由于操作不当，使制冷剂在非正常压力下循环，也有发生事故的可能。尤其是采用氨制冷剂，氨有毒、易燃易爆，一旦大量泄漏，不仅造成制冷剂的浪费，更会危及人身及生命安全，造成环境污染甚至巨大损失。因此，安全技术在制冷系统中具有重大的意义。操作人员要严格执行各项安全制度。

操作人员要树立高度的责任感，根据国家有关安全生产的规定，认真贯彻预防为主的方针，定期进行安全检查。安全检查主要包括：查制度、查各种设备的技术状况、各种设备的运行情况、查劳动保护用品和安全设施的配置情况等。

冷冻站要建立岗位责任制度，交接班制度，安全生产制度，设备维护保养制度和班组定额管理制度等各项标准。冷冻站所用的仪器、仪表、衡器、量具都必须经过法定计量部门的鉴定；同时要按规定定期复查，确保计量器具的准确性。

操作人员要做到“四要”“五勤”“六及时”。

“四要”指：要确保安全运行；要确保被冷却物的温度；要尽量降低冷凝压力（最高不超过 1.5 MPa）；要充分发挥制冷设备的制冷效率，努力降低水、电、冷冻油、制冷剂的消耗。

“五勤”指：勤看仪表；勤查机器运行状况；勤听机器运转有无杂音；勤调节阀门；勤查系统有无跑冒、滴漏现象。

“六及时”指：及时加油、放油；及时放空气；及时清洗或更换过滤器；及时排除故障隐患；及时清除冷凝器水垢；及时排除计算机故障。

操作人员要严格遵守交接班制度，要加强工作责任心，互相协作。当班生产及机器运转、供液、压力、温度情况记录清楚。机器设备运行中的故障、隐患及需要注意的事项明确。交接时发现问题，如不能在当班处理时，交班人应在接班人协同下负责处理完毕后再离开。

三、制冷剂钢瓶的安全管理

制冷剂在未注入制冷装置前是采用钢瓶盛装的，由于制冷剂钢瓶属于液化气体压力容器，因此为保证装有制冷剂的钢瓶在使用和储存时的安全，必须严格遵守国家劳动总局颁布的《压力容器安全监察规程》和《气瓶安全监察规程》的规定。

1. 钢瓶的使用要求

（1）当启闭钢瓶阀门时，应站在阀的侧面缓慢启闭。

（2）当瓶阀冻结时，应把钢瓶移到较暖的地方，或者用洁净的温水解冻，严禁用火烘烤。

（3）从钢瓶向制冷装置充加制冷剂时，必须经过减压装置。

（4）瓶中气体不得用尽，必须留有一定的剩余压力。

（5）使用中要防止立瓶跌倒，禁止敲击和碰撞。

2. 往钢瓶中充装制冷剂的要求

制冷装置在进行制冷剂非故障性排放时，一般应排进制冷剂钢瓶内，原因有两点：一方面，可留待以后充入制冷装置中使用，避免浪费；另一方面，可避免排入大气中污染环境。

（1）用于充装的钢瓶除了颜色、标志等要与拟充装的制冷剂一致外，还要求在安全有效使用期内，外观不得有缺陷，安全阀件必须完好无损。

（2）制冷剂的充装量不得超过钢瓶的规定值。

（3）充装时所用的称量衡器必须准确，而且最大称量范围应为使用称量值的 1.5 ~3 倍。

（4）填写充装记录并贴于钢瓶上，主要内容包括：充装时间、充装量、充注者及钢瓶编号等。

3. 制冷剂的储存要求

（1）用钢瓶储存制冷剂的房间禁止使用明火或供暖设备，且自然通风应良好或设置有机械通风装置。

（2）钢瓶立放时应旋紧瓶帽，放置整齐；卧放时应头部朝同一方向，堆放不超过五层并要妥善固定，防止滚动。

（3）不得与其他气体钢瓶同室存放。

模块三　空调制冷事故案例分析

现在的中央空调系统及设备，自动控制系统都比较完善，可以实现自动检测、调节、报警及停机等功能，在安全运行管理方面对空调工来说省力、省心。但在运行管理过程中，由于各种原因，也会出现各种事故。在所发生的事故中，究其根本原因是违反安全操作法规和安全操作技术要求。了解并分析这些事故，从中总结经验教训，才能防止在以后工作中出现类似事件。

1. 三台机组 3 t 多 R134a 全部泄漏，损失惨重

某公司新用的机组是用乙二醇作为载冷剂的，目前还处于施工阶段，一天下午乙二醇充注完成，浓度是 25%，为了使溶液均匀，总包商就开启水泵循环，三台机组的冷冻阀门均打开。冷却水没有开启。运行一夜，末端机组没有开。

早晨上班后，工作人员发觉有泄漏的气流声，赶紧检查冷冻机，发现蒸发器安全阀已自动起爆，其他两台已经没有泄漏声音，但安全阀上的塑料盖子已被顶到地上。所以判断也全爆了。通知总包商暖通负责人处理。负责人到现场后停止水泵运行。

检查发现，载冷剂温度已经高达 54℃；供水压力达到 9 bar（回水定压设定是 3 bar）。

分析认为：

（1）由于溶液的黏度比较大，在循环的过程中和管道摩擦，产生热量又无法释放，导致温度升高，使蒸发器压力太高而致使安全阀爆破。

（2）运行中没有人员进行巡视检查，没有及时发现运行中的参数变化，设备处于无人管理的状态，出现事故也是必然的。

2. 运行管理不善，没有操作规章制度

某大型五星级酒店，中央空调系统设有单机制冷量为1 150 RT，制冷剂为R22，电压3 300 V，离心式制冷机组3台。酒店的一切设施都很好，唯独对中央空调系统运行维护不予重视，无专职管理人员，而设备操作工人没有经过应有的培训，他所知道的任务就是推闸按电钮，让设备转起来。结果使一台运行不足一年的大型制冷主机毁于一旦。据现场了解，事发当天，上午开机时尚属正常，下午3点多因试发电机，切断了380 V电源，15 min之后才想到要通知“停空调”（实际上是停制冷主机）。当然一切都晚了，别说15 min，15 s都是灾难性的！机房已经根本无法进入，这时的主机已经因强烈喘振而失去保护，导致冷媒分解碳化，机房内被冷媒分解碳化释放出的有毒气体（光气）所笼罩，主机已彻底毁坏。在随后拆开压缩机部件作检查时，发现除机组驱动电动机还算完好之外，其压缩机本体、叶轮、轴承、密封件等全部毁坏；在高温和酸性物质的作用下，机组吸气管部位有大量碳化残余物；吸气口导叶片、叶轮前端及叶片均受高温而熔毁；蒸发器铜管受酸性物质作用严重腐蚀；冷凝器铜管受浸蚀略好，但其受酸性物质浸蚀痕迹斑斑点点仍清晰可见。所幸未发生爆炸。

原因是多方面的：

（1）管理不善，没有严格的操作规程，操作失误是促成机组彻底毁坏的不可低估的重要原因。

（2）操作工人没有经过专业培训，不懂得对设备的运行管理技术，盲目性较大。

3. 没有可靠与严格的设备维护保养制度，设备保养不到位

（1）一个颇有影响的大型公用建筑，当对制冷机房及空调末端设备房检查时，竟发现当年安装中央空调时遗留的建筑垃圾还未清理，有的还被吸入到组合式空气处理机组里面，过滤装置严重堵塞；风机的叶轮叶片在这样的条件下长期强制性运行，不

仅能耗高，而且设备严重锈蚀，有的叶片甚至被硬物击穿、断损，存在严重的安全隐患。

（2）某商场空调制冷主机在运行中，电流严重过载，主机出现频繁跳闸，操作管理人员一直抱怨。经检查为一台使用不久的新设备，问题不会太大，询问其维护保养状态，又说刚做过水处理及清洗保养。找不到原因的情况下，无奈只好停机卸开主机端盖检查。令人吃惊的是，冷凝器内竟存有大量泥浆状物质，端盖壳上吸附着的褐黄色泥浆结晶物有的地方厚达 2 mm！经过认真清洗处理后，设备运行正常了，运行电流大幅下降。事后了解，自调试运行以来，虽发现该处水质有些混浊，但未引起重视，对设备也未做过认真的维护保养。直到主机发生电流超载、跳闸停机才找来所谓的专业队伍对主机做了一次“清洗”保养。

（3）某酒店一台制冷量 600 冷吨负压机组（R123 冷媒）运行时间不是很久（3 年左右），因嫌原专业保养单位收费过高，请了一家便宜的单位负责保养。不到一年的时间设备发生严重故障不能启动。经拆机检查，原来机组内进入了大量不凝气体（空气），压缩机叶轮严重锈蚀卡死。查看其发生事故前的运行记录，早已有过经常发生喘振，冷凝压力过高，有空气进入等记载，但并未引起维护保养单位的重视，采取相应措施妥善处理，而是报称冷媒量不足，润滑油变质等原因，用添冷媒、换油的办法处理，但没有添了多少冷媒，换了多少油的记录。其实，负压机组发生喘振，冷凝压力升高首先就要考虑不凝气体的进入，何况还有空气进入的记载，只要按规程抽空排气很容易解决问题。而油质变坏，也是因不凝气体的进入，部件出现锈蚀；强制性运行，密封件受磨损而产生的现象，对症处理也是不难解决的，因为不了解问题发生的症结及时有效处理，终于造成重大事故。

从以上 3 个案例中可以看到，在中央空调系统中，加强对系统及设备的保养、维护工作是中央空调系统安全运行、经济运行最重要的工作。对空调作业人员来说，掌握系统的工艺流程及设备的结构、工作特性等是安全作业的基础性工作，掌握系统及设备的安全知识及安全操作技能是安全作业的基本前提。对管理人员来说，加强空调运行管理规章制度的建立，明确岗位安全责任制度，是安全生产的重要工作内容。

附录一 某大厦中央空调系统运行管理制度

一、空调系统运行管理规定（见附表1）

附表1 空调系统运行管理规定

序号	项目	要求
1	运行管理规定	① 空调值班人员对设备应经常进行巡视检查，包括定期巡视及特殊巡视 ② 工程部经理或主管应定期检查、指导冷冻机房的运行管理工作。空调领班每天检查一次运行及机房管理情况，对设备存在的问题能及时处理并做好记录 ③ 操作工巡视检查应集中精力，若发现设备有异常情况应记录在案，重大设备缺陷应立即向主管领导汇报，密切监视设备情况，在主管的指导下进行设备的检修或切换工作
2	规章制度齐全并认真执行	① 空调工应持证上岗，应具有空调专业等级证书，并能熟练掌握操作、维护保养有关设备的技能 ② 认真执行交接班制度、定期巡检制度、设备操作规程的规定及当值无违章、违纪现象的发生
3	冷冻机、空调设备运行正常无重大事故	① 严格按照操作规程操作，做到冷冻机运行稳定无液击、咬缸、喘振、超温、超压及泄漏等异常现象；按时记录油温、冷却水进出水温度及压力，冷媒水进出口温度及压力，吸排气温度及压力、电压、电流等，发现异常及时处理并上报做记录

续表

序号	项目	要求
3	冷冻机、空调设备运行正常无重大事故	② 做好设备的维护保养工作，认真做好保修期内与外包设备的保养记录，各种保养记录保存完好 ③ 对设备使用的压力表、温度计等测量器具应定期检查，保证其灵敏可靠 ④ 保证润滑油、冷媒、传热面的清洁，保持良好的传热效果
4	电气控制系统完好	① 定期清除电器柜内灰尘，检查各电气元件有无烧损，使其接触良好，且接线符合规范要求 ② 电动机运行正常，无超温过流现象，接线牢固正常 ③ 机房内照明电器等应绝缘良好，机器设备接地良好
5	日常管理	① 机房内有良好的事故排风设备、通风照明良好，地面、门窗设备保持干净整洁，通道畅通 ② 机房内不准挪作他用，不准堆放杂物及易燃、易爆物品，配备相应的灭火器具 ③ 明火作业严格遵守劳动和消防部门规定，严格执行持证操作制度 ④ 做好操作维修人员的业务培训工作，提高操作人员的业务应变能力 ⑤ 做好冷冻机的经济运行，合理供冷，使机器始终保持良好的安全运行状态

二、中央空调运行操作规程

1. 操作要求

冷水机房是设备机房，为保证大厦中央空调系统安全、正常运行，必须严格遵照操作规程进行操作。

（1）严格遵守《冷水机组维护操作手册》要求，保证安全生产。

（2）掌握中央空调系统各主要设备及管路系统的工作原理、构造和实际运行状况，在规定时期内巡视检查各运行参数是否在规定范围内，并做好运行记录，保证数据准确无误。

（3）发生异常情况以及设备故障应迅速查明原因、正确处理，及时报告有关领导和部门，并认真做好记录（内容应包括异常情况或故障发生、过程、原因、处理方式及结果）。严格遵守设备检修记录归档制度。

（4）及时掌握外界环境温度和大厦内各部分空调负荷需求，合理调整机组、水泵等投入运行的数量及有关参数，在保证安全生产和用户需求的前提下，做到经济运行。

2. 系统各主要设备对应运行方式

现有中央空调系统各主要设备对应关系和管路系统的配置情况如下：2 台冷水机组、2 台冷却泵、2 台冷冻泵、2 台冷却塔。正常运行操作请按如下方式对应进行：

1#冷水机组—1#冷却塔—1#冷却泵—1#冷冻泵。

2#冷水机组—2#冷却塔—2#冷却泵—2#冷冻泵。

（1）运行操作步骤

1）启动 1#冷水机组

①开启 1#冷水机组蒸发器及冷凝器进出水阀门。

②开启 1#冷却水泵进出水手动蝶阀。

③开启 1#冷冻水泵进出水手动蝶阀。

④置 1#冷却水泵选择电源选择开关于“手动”位置。

⑤按 1#冷却水泵电源“启动按钮”，启动 1#冷却水泵。

⑥置 1#冷冻水泵选择电源选择开关于“手动”位置。

⑦按 1#冷冻水泵电源“启动按钮”，启动 1#冷冻水泵。

⑧置冷却塔风扇系统电源选择开关于“自动”位置，风扇将自动启动运转（若置于“手动”位置，要按下电源按钮手动启动风扇系统）。

在完成上述步骤后，参照《冷水机组操作手册》启动 1#冷水机组。

2）启动2#冷水机组。参照1#冷水机组启动步骤，相应设备编号为2#冷水机组；2#冷却泵；2#冷冻泵；2#冷却塔。

（2）停机操作。上述冷水机组的停机操作程序：在机组完成停机后5～15 min，按照先停泵及冷却塔，再关闭各管路阀门的原则进行，具体步骤如下：

1）按“停止”按钮，停止冷却泵、冷冻泵及冷却塔。

2）按“关闭”按钮，关闭各电动阀，“关到位”指示灯亮。

3）关闭相关管路之手动阀门。

（3）两台机组并联运行操作要求

1）根据大厦中央空调现有配置状况，操作人员可采用下列几种运行方式来满足不同时期、不同负荷的空调需求，即运行：开启1#冷水机组；开启2#冷水机组；同时开启1#冷水机组和2#冷水机组。

2）在以上运行中，冷冻泵最多只能开启2台，非在运行中机组之冷却、冷冻水进出水阀门均必须关闭，以避免水流旁通。

（4）运行中冷水机组冷却、冷冻水进出参数范围

1）冷冻水进出水压差为0.1～0.15 MPa。

2）进出水温差为4～5℃。

3）冷却水进出水压差为0.1～0.15 MPa。

4）进出水温差为4～5℃。

5）冷冻水出水温度为小于47℉（8.5℃）。

注：冷冻水系统最大压力不得超过1.3 MPa；冷却水系统最大压力不得超过0.4 MPa。

3. 空调冷水机组操作规程

（1）准备工作

1）检查欲启动前，冷水机组的蒸发器及冷凝器进出水阀门是否全部开启。

2）检查冷却水泵及冷冻水泵系统管路阀门是否全部开启。

3）检查分水缸及集水缸上的阀门，根据空调需要决定是否开启或关闭。

4）检查分水缸供水总管阀门及集水缸回水总管阀门是否开启。

5）检查冷却水系统及冷冻水系统的水压力，在正常范围以内为准。

6）非运行的冷水机组蒸发器及冷凝器出水阀门，确认检查关闭。

（2）机组启动程序

1）要保证冷水机组油加热器提前 12 h 通电，使油温保持在比冷凝温度高 27.8℃的标值。

2）看冷水机组微电脑控制中心上是否显示出："系统准备启动"。

3）经过以上各项检查确认正常后，首先启动冷冻水泵，按下冷冻水泵启动按钮，观察电流表，电流表显示稳定后，其次启动冷却水泵。

4）启动冷却水泵，待冷却水泵电流表显示指针稳定后（不超出正常范围），启动冷水机组。

5）启动冷水机组，按下压缩机启动开关，它会自动弹回到运行位置，当启动开关接通时，控制中心处于运行模式，任何故障都会在显示屏上显示出来。

6）在启动程序的前 50 s，微型计算机控制中心上将显示出"系统预先润滑"，在完成 50 s 运行之后，压缩机将启动。

7）冷水机组启动后，要观察系统冷却水温度情况，根据温度情况，及时开启冷却塔风扇系统，以确保经济运行以及制冷效果。

（3）机组运行

1）机组运行时应检查冷水机组油槽油位，确认油位在油槽上下视镜范围以内。

2）注意机组运转负荷情况，导流叶片开度是否正常。

3）听机组运行的声音是否有异常声响。

4）观察机组是否存在泄漏点及安全隐患。

5）做好机组运行记录（每小时将冷水机组状态记录下来）。

（4）关机程序

1）停冷水机组。

2）停冷却塔风扇系统。

3）停冷却水泵。

4）停冷冻水泵。为了达到经济运行并保障客户利益的情况下，要根据天气湿度情况，掌握好停冷水机组及冷冻水泵的时间差，即停冷水机组后，冷冻水泵可继续运行为客户提供空调，当冷冻水温度回升到一定温度后，即可停泵操作。

5）停机停泵后，对现场设备进行检查，确认正常后，做好相应记录。

4. 中央空调系统水质监管规程

为保证大厦空调系统设备和管道的正常运行，延长使用寿命，确保水质处理合同的履行，制定如下规程：

（1）工程部空调运行主管为合同直接监管人，须熟悉有关合同条款及投药、取样、化验等工作原理和工作过程，积极配合承办人员的工作，保存并完善监管工作。

（2）承办单位对空调水系统定期处理工作有以下几点。

1）每年投加粉泥剥离剂，清除管道内粉泥、藻菌并排放清洗。每两月对膨胀水箱补加杀菌灭藻剂一次。

2）对夏季空调系统冷冻水，进行取样化验，并提供水质化验报告及加药指导方案，使系统水质药剂缓蚀剂浓度保持在500 ppm。

3）每年冷却水系统加“清洗预膜剂”对管道进行除锈处理，并清洗排放。

4）每月两次对冷却水取样化验（必要时增加到每周一次）

并提供水质化验报告及加药指导方案。

（3）承办单位对冷冻水系统水质每月一次、对冷却水系统水质每月两次取样化验，并于一周内提交检验报告书，交于物业空调主管，其主要指标值见附表2。

附表2　　冷却水与冷冻水的主要指标值

项目名称	单位	冷却水	冷冻水
pH值	—	7.0～9.0	7.0～9.0
电导率	μs/cm	<1 500	<1 800
总硬度	mg/L	<800	<300
总碱度	mg/L	<600	<400
氯根	mg/L	<300	<150
铁离子	mg/L	<1.0	<1.0
铜离子	mg/L	<0.1	<0.1
总铁	mg/L	<1.0	<1.0
总铜	mg/L	<0.1	<0.1

空调领班对照以上数值进行验收，化验单应与工作单一同保存，并在监督记录上做好记录，工程部主管负责监督检查。

（4）若发现承办单位人员未按合同要求按期、按量、按规定程序工作，空调领班有权拒绝签收并及时上报主管。

（5）工程部空调运行人员每日按承办单位提供加药指导方案进行加药及排污，并做好加药记录。

（6）集中保存的工作单及检验报告，均应在签收5日内交主管审核签字；于每年12月底报工程部总主管批准后送交档案室存档。

附录二　相对湿度对照表

相对湿度对照表

干湿示差	0.5	1.0	1.5	2.0	2.5	3.0	3.5	4.0	4.5	5.0	5.5	6.0	6.5	7.0	7.5	8.0
干球温度	相对湿度（%）															
50	97	94	92	89	87	84	82	79	77	74	72	70	68	66	63	61
49	97	94	92	89	86	84	81	79	77	74	72	70	67	65	63	61
48	97	94	92	89	86	84	81	79	76	74	71	69	67	65	62	60
47	97	94	92	89	86	83	81	78	76	73	71	69	66	64	62	60
46	97	94	91	89	86	83	81	78	76	73	71	68	66	64	62	59
45	97	94	91	88	86	83	80	78	75	73	70	68	66	63	61	59
44	97	94	91	88	86	83	80	78	75	72	70	67	65	63	61	58
43	97	94	91	88	85	83	80	77	75	72	70	67	65	62	60	58
42	97	94	91	88	85	82	80	77	74	72	69	67	64	62	59	57
41	97	94	91	88	85	82	79	77	74	71	69	66	64	61	59	56
40	97	94	91	88	85	82	79	76	73	71	68	66	63	61	58	56
39	97	94	91	87	84	82	79	76	73	70	68	65	63	60	58	55
38	97	94	90	87	84	81	78	75	73	70	67	64	62	59	57	54
37	97	93	90	87	84	81	78	75	72	69	67	64	61	59	56	53
36	97	93	90	87	84	81	78	75	72	69	66	63	61	58	55	53
35	97	93	90	87	83	80	77	74	71	68	65	63	60	57	55	52
34	96	93	90	86	83	80	77	74	71	68	65	62	59	56	54	51
33	96	93	89	86	83	80	76	73	70	67	64	61	58	56	53	50

续表

干湿示差	0. 5	1. 0	1. 5	2. 0	2. 5	3. 0	3. 5	4. 0	4. 5	5. 0	5. 5	6. 0	6. 5	7. 0	7. 5	8. 0
干球温度	相对湿度（%）															
32	96	93	89	86	83	79	76	73	70	66	64	61	58	55	52	49
31	96	93	89	86	82	79	75	72	69	66	63	60	57	54	51	48
30	96	92	89	85	82	78	75	72	68	65	62	59	56	53	50	47
29	96	92	89	85	81	78	74	71	68	64	61	58	55	52	49	46
28	96	92	88	85	81	77	74	70	67	64	60	57	54	51	48	45
27	96	92	88	84	81	77	73	70	66	63	60	56	53	50	47	43
26	96	92	88	84	80	76	73	69	66	62	59	55	52	48	46	42
25	96	92	88	84	80	76	72	68	64	61	58	54	51	47	44	41
24	96	91	87	83	79	75	71	68	64	60	57	53	50	46	43	39
23	96	91	87	83	79	75	71	67	63	59	56	52	48	45	41	38
22	95	91	87	82	78	74	70	66	62	58	54	50	47	43	40	36
21	95	91	86	82	78	73	69	65	61	57	53	49	45	42	38	34
20	95	91	86	81	77	73	68	64	60	56	52	48	44	40	36	32
19	95	90	86	81	76	72	67	63	59	54	50	46	42	38	34	30
18	95	90	85	80	76	71	66	62	58	53	49	44	41	36	32	28
17	95	90	85	80	75	70	65	61	56	51	47	43	39	34	30	26
16	95	89	84	79	74	69	64	59	55	50	46	41	37	32	28	23
15	94	89	84	78	73	68	63	58	53	48	44	39	35	30	26	21
14	94	89	83	78	72	67	62	57	52	46	42	37	32	27	23	18
13	94	88	83	77	71	66	61	55	50	45	40	34	30	25	20	15
12	94	88	82	76	70	65	59	53	47	43	38	32	27	22	17	12
11	94	87	81	75	69	63	58	52	46	40	36	29	25	19	14	8
10	93	87	81	74	68	62	56	50	44	38	33	27	22	16	11	5

续表

干湿示差	0.5	1.0	1.5	2.0	2.5	3.0	3.5	4.0	4.5	5.0	5.5	6.0	6.5	7.0	7.5	8.0
干球温度	相对湿度（%）															
9	93	86	80	73	67	60	54	48	42	36	31	24	18	12	7	1
8	93	86	79	72	66	59	52	46	40	33	27	21	15	9	3	
7	93	85	78	71	64	57	50	44	37	31	24	18	11	5		
6	92	85	77	70	63	55	48	41	34	28	21	13	3			
5	92	84	76	69	61	53	46	36	28	24	16	9				
4	92	83	75	67	59	51	44	36	28	20	12	5				
3	91	83	74	66	57	49	41	33	25	16	7	1				
2	91	82	73	64	55	46	38	29	20	12	1					
1	90	81	72	62	53	43	34	25	16	8						
0	90	80	71	60	51	40	30	21	12	3						